표로 보는 러시아어 문법과 독해

이 영 범 지음

신아사

ТелекоМ

머리말

21세기 러시아는 중국, 미국, 일본 등과 더불어 우리나라의 중요한 국가로 부상되고 있습니다. 시베리아 등 여러 지역에 석유와 천연가스 및 삼림자원을 비롯해 풍부한 자원을 보유하고 있는 러시아는 한반도와 국경을 접하고 있는 나라입니다. 앞으로 한반도종단철도(TKR)와 '철의 실크로드'로 불리는 시베리아횡단철도(TSR)가 연결되면, 물류혁명이 일어날 뿐만 아니라, 경제와 문화 교류 등 다양한 분야에서 한국과 러시아간의 관계가 확대 발전될 것으로 보입니다. 이러한 시대적 변화에 부응하여 러시아어의 중요성은 더욱더 커지고 있습니다! 여러분은 신흥강국으로 부상하는 국가들을 지칭하는 '브릭스 BRICs' 또는 '브릭'(BRIC - 브라질, 러시아, 인도, 중국)에 대해 잘 아실 것입니다. 이러한 시대적 분위기에 부응하여 러시아어를 배우는 것은 에너지 부국이자 문화 강국인 러시아를 이해하는 첫걸음입니다.

이 책 <표로 보는 러시아어 문법>은 러시아 문법 강의 경험을 살려 만들어졌습니다. 필자는 러시아어 문법 구조의 다면성을 짧고, 일목요연한 형태로 보여드리고자 노력했습니다. 원래 이 책의 제목을 <표로 보는 77가지 러시아어 문법 규칙>으로 정할까 하다가, <표로 보는 러시아어 문법과 독해>로 바꿨습니다.

이 책은 이미 러시아어 공부를 시작했거나 하고 있는 학습자를 대상으로 만들어졌습니다. 하지만, 이 책은 초급 단계의 러시아어 문법을 학습한 학생에게도 적합합니다. 필자는 이 러시아어 문법책이 여러분의 러시아어 습득에 도움을 주고, 문법을 무의식적인 자동적용을 촉진시켜 주리라 확신합니다. 또한 필자는 이 책이 여러분이 자기 주도적 학습을 하도록 표로 정리된 조건을 만들어 주었다고 확신합니다.

필자는 이 책을 만들기 위한 자료 선정시 문법 구조의 보편성과 현실성의 원리에 의거했습니다. 또한 필자는 앞에서 언급한 바와 같이 여러분의 학습 편의와 효율을 증대시키기 위해 러시아어 문법의 기본 규칙이 눈에 확 들어오도록 설명된 77가지 항목과 연관된 정리된 문법을 표로 만들었습니다. 바로 이 점이 이 책의 특장점에 해당됩니다! 그리고 이 표 밑에 실린 일상 언어에서 추출한 다양한 예들을 사용한 연습문제들은 다양한 문법 규칙을 구체적으로 적용하여 해석도록 구성했습니다. 교수자는 이 연습문제들을 수업시간에 일정 분량을 직접 다루고 나머지는 과제로 내 주거나, 모두 다룰 수도 있고, 다 과제로 내줄 수도 있을 것입니다.

끝으로 이 책이 학습자 여러분의 러시아어 습득에 있어서 도움이 되길 바랍니다. 감사합니다.

2009년 8월
저자 이영범

차 례

I. 어근에서의 모음 정자법

1. 모음 교체

✽역점이 없는 어근 -лаг-, -лож- 에서의 -о-, -а-

-лаг-	г 앞의 а	пола́гать, предлага́ть, прилага́тельное, прилага́ть, излага́ть, полага́ется
-лож-	ж 앞의 о	положи́ть, предложи́ть, изложи́ть, обложе́ние, приложи́ть, положи́тельный

▎예외▎ по́лог

▎연습문제▎ 다음 러시아어 문장들을 한국어로 옮기시오.

Стоматоло́гии Москвы́ **предлага́ют** по́лный спектр стоматологи́ческих услу́г и широ́кий диапазо́н цен.

→

В англи́йском языке́ **прилага́тельные** не изменя́ются про́дам и чи́слам.

→

Мы ра́ды **предложи́ть** Вам не́сколько ты́сяч наименова́ний разнообра́зных игру́шек.

→

Как вы счита́ете компроми́сс э́то **положи́тельное** реше́ние, и́ли отрица́тельное

→

✽ 역점이 없는 어근 -раст-, -ращ-, -рос-에서의 -о-, -а-

-раст- -ращ-	ст 앞의 -а- щ 앞의 -а-	во́зраст, расти́ть, расти́ наращéние, приращéние
-рос- рос-	그 밖의 경우 -о-	за́росль, по́росль, вы́росший, вы́рос, роси́нка
❙ 예외 ❙ росто́к, ростовщи́к, Росто́в, о́трасль, Ростисла́в		

❙ 연습문제 ❙ 다음 러시아어 문장들을 한국어로 옮기시오.

В конку́рсе мо́гут приня́ть уча́стие все жела́ющие, незави́симо от **во́зраста**.

➔

Дно кри́зиса ужé про́йдено и тепéрь ры́нки бу́дут **расти́**.

➔

Сад разобью́т на уча́стки, и но́вые хозя́ева предпочту́т преврати́ть **за́росли** в аккура́тные лужа́йки.

➔

Он мечта́л, что́бы они́ вы́росли досто́йными людьми́, бы́ли хорошо́ образо́ванны.

➔

Они́ вы́нуждены обраща́ться к **ростовщика́м**, занима́ющим де́ньги под граби́тельские проце́нты.

→

Нефтега́зовая **о́трасль** явля́ется ва́жным фа́ктором ро́ста росси́йской эконо́мики.

→

✽ 역점이 없는 어근 кос-, кас-, скак-, -скоч-에서의 -о-, -а-

кос- -кос-	н 앞의 -о-	коснýться, коснéть прикосновéние
кас- -кас-	그 밖의 경우 -а-	касáться, касáтельная прикасáться,
скак- -скак-	к 앞의 -а-	скакáть, скаковóй подскакáть,
-скоч-	ч 앞의 -о-	подскочúть, наскочúть, перескочúть
	▌예외▐ скачóк, скачý	

▌연습문제▐ 다음 러시아어 문장들을 한국어로 옮기시오.

Рéзкое замедлéние рóста мировóй эконóмики **коснётся** Китáя, э́кспорт котóрого сократúтся.

→

Все разговóры **касáются** лишь двух тем - Олимпиáды и блúзких.

→

На картúне изображены́ три тáинственных охóтника, котóрые **скáчут** на конях.

→

У неё ре́зко **подскочи́ло** давле́ние, и врача́м пришло́сь э́кстренно помести́ть пацие́нтку в реанима́цию.

→

Э́тот ма́ленький шаг одного́ челове́ка означа́ет гига́нтский **скачо́к** для челове́чества.

→

✽ 역점이 없는 어근 -мок- (-моч-), -мак-, -равн-, -ровн-에서의 -о-, -а-

-мок- (-моч-)	"액체에 젖다; 물속에 오래 잠겨 있어서 고유한 성질을 상실하다"는 의미의 -мок- (-моч-)를 어근으로 갖는 단어들에서	непромока́емый вы́мокнуть
мак- -мак-	"액체 속에 가라앉히다" "погружа́ть в жи́дкость"	мака́ть (су́харь в чай) обмакну́ть (перо́)
равн- -равн-	"대등한, 대등하게" "ра́вный, наравне́"	ра́вным, подравня́ть, уравне́ние
ровн- -ровн-	"곧은, 매끄러운, 평평한" "прямо́й, гла́дкий, ро́вный"	ро́вный заровня́ть

| 예외 | равни́на, рове́сник, по́ровну, у́ровень, равня́йсь

| 연습문제 | 다음 러시아어 문장들을 한국어로 옮기시오.

На нога́х у него́ красова́лись **непромока́емые** рыба́цкие сапоги́.

→

Что́бы верёвка не разлохма́чивалась, **обмакни́те** её концы́ в клей и́ли лак для ногте́й.

→

Уро́вень кома́нд в росси́йском пе́рвенстве **подравня́лся.**

→

Молоды́е лю́ди познако́мились в кафе́ аэропо́рта **ро́вно** год наза́д.

→

Почти́ **рове́сник** про́шлого ве́ка, он мог о мно́гом рассказа́ть.

→

✻ 어근 -гар-, гор-, -гор-의 정자법

-гар-	역점이 있을 때	зага́р, ога́рок
гор- -гор-	역점이 없을 때	горе́лый загоре́ть,

❙ 예외 ❙ вы́гарки, и́згарь, при́гарь

❙ 연습문제 ❙ 다음 러시아어 문장들을 한국어로 옮기시오.

В нача́ле про́шлого ве́ка же́нщины берегли́ ко́жу от со́лнца - **зага́р** счита́лся уде́лом рабо́чего лю́да.

→

Соблюда́я не сли́шком сло́жные усло́вия мо́жно отли́чно **загоре́ть** без неприя́тностей ти́па со́лнечных ожо́гов.

→

При́гарь - э́то при́вкус га́ри в пригоре́вшей, подгоре́вшей пи́ще.

→

✽어근 зар-, зор-, клан-, -клон-, твар-, -твор-의 정자법

зар- зор-	역점이 있을 때	за́рево, зо́рька
зар-	역점이 없을 때	зарни́ца, озаре́ние
▌예외▐ зоря́нка, зорева́ть		
клан-, клон-	역점이 있을 때	кла́няться, покло́н
клон-	역점이 없을 때	наклоня́ть, склоне́ние
твар-, твор-	역점이 있을 때	тварь, тво́рчество
твор-	역점이 없을 때	твори́ть, творе́ц
▌예외▐ у́тварь		

▌연습문제▐ 다음 러시아어 문장들을 한국어로 옮기시오.

За́рево э́того пожа́ра бы́ло ви́дно за не́сколько киломе́тров.

➔

По́весть <Оди́н день Ива́на Дени́совича> яви́лась не то́лько **озаре́нием**, откры́тием, но и шеде́вром ру́сской слове́сности.

➔

Он давно́ мечта́л о чистопоро́дной ла́йке, с кото́рой мо́жно бу́дет **зорева́ть** весно́й и о́сенью, надо́лго уходи́ть в тайгу́.

➔

Мы ни́зко **кла́няемся** всем ветера́нам Вели́кой Оте́чественной войны́.

➔

Дверь была́ насто́лько ни́зкая, что, что́бы пройти, приходи́лось **наклоня́ться.**

➔

В душе́ ка́ждого челове́ка мо́жет возни́кнуть жела́ние за́няться **тво́рчеством**, в любо́м во́зрасте и вне зави́симости от ро́да де́ятельности.

➔

Когда́ челове́к де́йствует вопреки́ свое́й эгоисти́чной нату́ре, он мо́жет **твори́ть** чудеса́ в со́бственной жи́зни и в жи́зни други́х люде́й.

➔

Посети́тели я́рмарки смогли́ приобрести́ не то́лько кни́ги, но и церко́вную **у́тварь**, ико́ны.

➔

❀어근에서 모음 и가 е로 교체되는 현상

접미사 а 앞의 и		그 밖의 경우 е	
бир(а)-	собира́ть	бер-	собере́т
дир(а)-	обдира́ть	дер-	обдере́т
мир(а)-	замира́ть	мер-	замере́ть
тир(а)-	обтира́ть	тер-	обтере́ть
пир(а)-	запира́ть	пер-	запере́ть
жиг(а)-	выжига́ть	жег-	вы́жег
стил(а)-	расстила́ть	стел-	расстели́ть
блист(а)-	блиста́ть	блест-	блесте́ть
чит(а)-	вычита́ть	чет-	вы́чет
예외 сочета́ть, сочета́ние			

연습문제 다음 러시아어 문장들을 한국어로 옮기시오.

Э́тот репертуа́р всегда́ **собира́ет** по́лные за́лы слу́шателей.

➔

Фо́рум в Ве́не **соберёт** о́коло семи́ ты́сяч банки́ров и финанси́стов со всего́ ми́ра.

➔

Ка́ждое у́тро он отправля́лся в гара́ж и **обдира́л** ста́рую кра́ску.

➔

"**Обдеру́т** и все отберу́т" - вот ло́гика просто́го обыва́теля, не облада́ющего минима́льной фина́нсовой гра́мотностью.

➔

Когда́ смотрю́ на карти́ны кла́ссиков, осо́бенно пейза́жи, се́рдце **замира́ет.**

➔

Аудито́рия на мгнове́ние **за́мерла**, но пото́м разрази́лась аплодисме́нтами.

➔

Вме́сто приня́тия ва́нны космона́вты **обтира́ются** полоте́нцами, пропи́танными специа́льным очища́ющим раство́ром.

➔

Если жара́ стано́вится нестерпи́мой - лу́чше останови́ться у обо́чины и **обтере́ть** ру́ки, лоб и ше́ю жи́дкостью.

➔

В 9 и́ли 10-м часу́ ве́чера, когда́ **запира́лись** воро́та Кремля́, стра́жа стреле́цкая начина́ла перекли́чку.

➔

Студе́нты реши́ли укры́ться в ко́мнате, дверь кото́рой мо́жно **запере́ть.**

➔

Пе́ред поса́дкой самолёту пришло́сь **выжига́ть** то́пливо, кружа́ над аэродро́мом.

➔

Ого́нь **вы́жег** все изнутри́, нанёся уще́рб почти́ в миллио́н рубле́й.

➔

Не́сколько мусульма́н, при́нявших уча́стие в ма́рше проте́ста, **расстила́ли** на земле́ ко́врики и моли́лись на них о ми́ре.

➔

Расстели́ть кра́сную ковро́вую доро́жку помеша́ла пого́да.

➔

Она верну́лась на сце́ну теа́тра, где **блиста́ла** мно́го лет наза́д.

➔

На́ши города́ и посёлки должны́ **блесте́ть** чистото́й, и э́той це́ли мы бу́дем добива́ться.

➔

С россия́н, получа́ющих зарпла́ту, нало́ги **вычита́ются** по ме́сту рабо́ты.

→

Вся вы́ручка от аукцио́на, за **вы́четом** комиссио́нных, бу́дет напра́влена на благотвори́тельные ну́жды.

→

Гла́вное в на́шей рабо́те - гармони́чно **сочета́ть** ли́чные инте́ресы с интере́сами всего́ о́бщества.

→

2. 쉬음 ж, ч, ш, щ 뒤의 모음

✽쉬음 ж, ч, ш, щ 뒤의 모음 а, у, и

쉬음 ж,ч, ш, щ 뒤에서 я 대신 а, ю 대신 у, ы 대신 и를 씀	жир, чу́до, ча́йка, шить, проща́льный, щу́риться, жу́ткий, чу́ткий, шу́ба, щи́колотка
❙예외❙ 외래어 брошю́ра, жюри́, парашю́т	
쉬음 ж, ч, ш, щ 뒤에 역점(강세)이 있는 ё를 가진 단어의 어형 변화형이나 파생어의 е	шёлк - шелка́, зачёт - вы́чет, чёрный- черне́ть, щёголь - щеголя́ть, шёпот - шепта́ть
그밖에 역점이 있는 경우 о	крыжо́вник, изжо́га, шо́рох, зажо́р, жом, трущо́ба, трещо́тка, шов, шо́мпол, мажо́р, обжо́ра, чо́каться, крюшо́н ❙예외❙ жест, планше́т
외래어에 역점이 없을 경우 о	жоке́й, жолне́р, жонглёр, шовини́зм, шокола́д, шоссе́, шофёр, шотла́ндский

❙연습문제❙ 다음 러시아어 문장들을 한국어로 옮기시오.

Экономи́ческое **чу́до** ста́ло возмо́жным благодаря́ гра́мотной поли́тике госуда́рства.

→

Проща́льный ве́чер зако́нчился до́лгой ова́цией при по́лном све́щении.

→

В преддве́рии Чемпиона́та ми́ра по футбо́лу была́ вы́пущена специа́льная **брошю́ра** на ру́сском языке́

→

Кита́йский **шёлк** всегда́ сла́вился красото́й и изы́сканностью.

→

У э́того актёра проникнове́нный го́лос, времена́ми почти́ переходя́щий в **шёпот**.

→

Изжо́га есть у мно́гих люде́й и вы́звана она́ непра́вильным пита́нием.

→

Норма́льный челове́к ест, что́бы жить; **обжо́ра** живёт, что́бы есть.

→

Его благоро́дный **жест** не был по́нят и при́нят.

→

Сменя́я друг дру́га, на аре́не ци́рка появля́ются акроба́ты, **жонглёры** и гимна́сты.

→

Люби́мое ла́комство всех сласте́н, **шокола́д**, до́лгое вре́мя бы́ло под запре́том

→

✽ 쉬음 뒤에 오는 어근의 모음 o나 e (ё)

	역점이 있을 때 o	역점이 없을 때 e
쉬음 뒤에 오는 어근의 접미사에 역점이 있을 때 o와 없을 때 e	речо́нка, бережо́к, свечо́й, книжо́нка, ежо́вый, камышо́вый, кумачо́вый	ре́ченька, до́ченька, кусо́чек, брусо́чек, ключево́й, плю́шевый, си́тцевый
쉬음 뒤에 오는 어근의 어미에 역점이 있을 때 o와 없을 때 e	плечо́м, Кузьмичо́м, большо́му, чужо́го, де́ревцо	зре́лищем, Ната́шей, де́ревце, пи́щей, бо́льшему, ры́жему

▌연습문제▐ 다음 러시아어 문장들을 한국어로 옮기시오.

Он переплы́л **речо́нку** не́сколько раз - и вдруг пошёл вниз.

→

Вы прослу́шали ру́сскую наро́дную пе́сню <Вы́йду я на **ре́ченьку>.**

→

Всю свою́ жизнь он бо́рется с клевето́й, с **ежо́выми** объя́тиями цензу́ры и идиоти́змом сове́тского бытия́.

→

В конце́ про́шлого го́да у нас родила́сь **до́ченька** Али́нка.

→

Мари́я Шара́пова заяви́ла, что её пробле́мы с **плечо́м** уже́ в про́шлом, и она́ по́лностью мо́жет сосредото́читься на выступле́нии на Уимблдо́нском турни́ре.

→

Для побе́ды фа́ктор своего́ и́ли **чужо́го** футбо́льного по́ля ча́ще всего́ явля́ется реша́ющим.

→

Зри́тель хо́дит в кино́ отдыха́ть и наслажда́ться **зре́лищем**.

→

Необходи́мо соблюда́ть уме́ренность в еде́, не злоупотребля́ть тяжёлой **пи́щей,** а есть бо́льше овоще́й и фру́ктов.

→

3. 자음 ц 뒤에 오는 모음

✽ 자음 ц 뒤에 오는 모음 ю, я와 о

ю, я	외래어 성이나 지명	Цявло́вский, Цюру́па, Цю́рих, Цяньша́нь
и	어근에서 и만	цирк, цили́ндр, цинга́, ци́фра, цита́та

❙예외❙ цыга́н, цыплёнок, цыц, на цы́почках
❙파생어❙ цыга́нский, цыпля́тина, цып-цып, цы́пка, цы́кать

о	자음 ц뒤에 о가 정상적으로 발음되는 역점이 있는 음절이 있으면, 동일한 어근 뒤에 역점이 없어도 о가 온다.	цо́кать, цо́коль, цо́кот, цокота́ть, цокоту́ха
	외래어의 경우	ге́рцог, герцоги́ня, пала́ццо

❙연습문제❙ 다음 러시아어 문장들을 한국어로 옮기시오.

Второ́й год подря́д **Цю́рих** возгла́вил ре́йтинг са́мых комфо́ртных для жи́зни городо́в.

→

В нача́ле 90-х по́лностью обновлённый **цирк** на Цветно́м бульва́ре вновь откры́л свои́ две́ри для зри́телей.

→

Цыга́н на **цы́почках** подошёл к **цыплёнку** и сказа́л: "**Цыц**".

→

В распа́хнутое окно́ несло́ уже́ не зи́мней сы́ростью мо́крого сне́га и дождя́, не по-зи́мему **цо́кали** по мостово́й подко́вы.

→

Победи́телем среди́ спекта́клей для дете́й жюри́ единоду́шно призна́ло постано́вку <Му́ха-**Цокоту́ха**>.

→

Из аэропо́рта президе́нт и его́ супру́га отпра́вились во дворе́ц вели́кого **ге́рцога.**

→

✽자음 ц 뒤에 ы나 и가 오는 경우

자음 ц 뒤에 ы가 오는 경우	단어의 어미에 자음 ц 뒤에 ы가 오는 경우	пловцы́, пти́цы, смуглоли́цый, у́лицы
	접미사에 자음 ц 뒤에 ын이 오는 경우	сестри́цын, лиси́цын
자음 ц 뒤에 и가 오는 경우	-ция가 포함된 단어에서	кульмина́ция, цивилиза́ция

▌연습문제▐ 다음 러시아어 문장들을 한국어로 옮기시오.

Вода́ оказа́лась сли́шком холо́дной, и **пловцы́** вско́ре верну́лись к су́дну.

→

Вы́бор Ы по́сле Ц (цыга́н, бойцы́, **сестри́цын**) соотве́тствует традицио́нному, истори́чески сложи́вшемуся при́нципу написа́ния.

→

Сего́дня в Москве́ - **кульмина́ция** пра́зднования Дня го́рода.

→

4. 모음 э와 е

е	외래어의 경자음 뒤	ле́ди, адеква́тный, де́нди, те́ндер, пенсне́, стенд, кеб, кашне́
	❙예외❙ мэр, пэр, сэр ❙파생어❙ мэ́рия, пэ́рия; плене́р ❙고유명사❙ Ула́н-Удэ́, Бэ́ла, Бэко́н	
	и 모음 뒤	дие́та, гигие́на, ре́квием
э	자음 접두어 뒤와 복합어, 복합약어의 조어 시에 유지됨	сэконо́мить, отэкзаменова́ть, трёхэта́жный, бромэти́л, политэконо́мия, нэп
	그 밖의 경우는 모음 발음에 따라	поэ́т, дуэ́ль, маэ́стро, поэ́зия, силуэ́т, дуэ́т, ало́э ❙예외❙ прое́кт, рее́стр, феери́я

❙연습문제❙ 다음 러시아어 문장들을 한국어로 옮기시오.

Гла́вная пробле́ма заключа́ется в отсу́тствии **адеква́тной** реа́кции на зло, в привы́чке нему́.

→

Моско́вская междунаро́дная кни́жная вы́ставка-я́рмарка представля́ет на свои́х **сте́ндах** изда́ния, вы́пущенные на деся́тках языка́х плане́ты.

→

Он собира́ется вы́двинуть свою́ кандидату́ру на пост **мэ́ра**.

По́сле перенесе́нной инфе́кции де́тям тре́буется поко́й, ухо́д и стро́гая **дие́та**.

→

Просты́м гра́жданам отме́на виз позво́лит **сэконо́мить** вре́мя и де́ньги.

→

Это **трехэта́жное** зда́ние сра́зу привлека́ет внима́ние необы́чной архитекту́рой.

→

Кни́га посвящена́ собы́тиям после́днего го́да жи́зни знамени́того сове́тского **поэ́та**.

→

У **алоэ́** есть спосо́бность выраба́тывать приро́дные биостимуля́торы, кото́рые повыша́ют сопротивля́емость органи́зма.

→

Реализа́ция подо́бного **прое́кта** потре́бует значи́тельных инвести́ций.

→

5. 역점이 확인 가능하거나 불가능한 단어의 모음

역점이 확인 가능한 단어	примеря́ть (ме́рить) костю́м - примиря́ть (мир) сосе́дей; полоска́ть (ла́ска) ко́шку - полоска́ть (поло́щет) рот; развива́ется (разви́тие) ребёнок - развева́ется (ве́ять) флаг, посиде́ть (си́дя) мо́лча - поседе́ть (сед) ра́но
역점이 확인 불가능한 단어 (사전으로만 확인 가능한 정자법)	коча́н, коще́й, ветчина́, ватру́шка, стипе́ндия, бадминто́н, то́рмоз, винегре́т, бето́н, пластили́н, карава́й кавы́чка, по́лымя, бечева́, песка́рь, снеги́рь 등

❙연습문제❙ 다음 러시아어 문장들을 한국어로 옮기시오.

Они́ постоя́нно крути́лись пе́ред зе́ркалом, **примеря́я** пла́тья и выбира́я фасо́ны.

→

Он был храни́телем культу́ры и стра́стным защи́тником гумани́зма, кото́рый **примиря́л** люде́й и звал за собо́й.

→

Ребя́та како́е-то вре́мя **посиде́ли** в кварти́ре, а зате́м молодо́й челове́к пошёл провожа́ть свою́ де́вушку.

→

Её то́нкие черты́ лица́ поблёкли, краси́вые золоти́стые во́лосы **поседе́ли.**

→

Госду́ма сего́дня рассмо́трит прое́кт о повыше́нии **стипе́ндий** с но́вого уче́бного го́да.

→

В про́шлом году́ в на́шем го́роде проходи́л турни́р по **бадминто́ну**.

→

II. 어근에서의 자음 정자법

6. 유성자음과 무성자음

의문시 되는 자음의 철자는 동일한 어근을 가진 파생어를 통해 확인할 수 있음	자음 교체	коври́га - коври́жка, пичу́га - пичу́жка (г - ж), скворе́ц - скворе́чник (ц - ч)
	모음이나 자음 л, м, н, р를 통해	молотьба́ - молоти́ть, сма́зка - сма́зать, и́зморось - мороси́ть
	사전으로 확인 할 수 없는 자음	вокза́л, футбо́л, ва́режка, ко́бчик (пти́ца), ко́пчик (кость в оконе́чности позвоно́чника) 등

▌연습문제▐ 다음 러시아어 문장들을 한국어로 옮기시오.

Поро́г но́вого до́ма пе́рвым переступа́л хозя́ин с ико́ной и **коври́гой** хле́ба, за ним - хозя́йка с петухо́м.

→

Сего́дня обяза́тельно пеку́т медо́вые пря́ники, пироги́ и **коври́жки** с ма́ком.

→

В старину́ в э́тот день крестья́не начина́ли акти́вную **молотьбу́**.

→

Жа́тва была́ в са́мом разга́ре: комба́йны **молоти́ли** пшени́цу на всех поля́х.

→

Пассажи́ры, отправля́ющиеся и прибыва́ющие на э́тот **вокза́л**, смо́гут наслади́ться зву́ками класси́ческой му́зыки.

→

Премье́ра фи́льма прошла́ в дни чемпиона́та Евро́пы по **футбо́лу**.

→

7. 묵음되는 자음

자음이 연이어 오면 어형 변화형이나 동일한 어근을 가진 단어를 통해 확인할 수 있음	вств, здн, здк, ндск, нтск,стл, стн, стб, рдц, лнц 등	гру́стный - грусти́ть, сви́стнуть - свисте́ть, голла́ндский - голла́ндец, се́рдце - серде́чный, громо́здкий - гро́моздок, со́лнце - со́лнечный, па́стбище - пасти́

기억하세요! блесну́ть (그러나 блесте́ть), ле́стница (그러나 ле́сенка)

연습문제 다음 러시아어 문장들을 한국어로 옮기시오.

Иногда́ она́ смея́лась, но ча́сто вы́глядела о́чень **гру́стной** без како́й-ли́бо ви́димой при́чины.

→

В ближа́йшую неде́лю на сме́ну сухи́м **со́лнечным** дням приду́т дожди́.

→

В сего́дняшней постано́вке он сно́ва **блесну́л** свои́м актёрским и ора́торским тала́нтом.

→

От подно́жия скалы́ к верши́не веду́т ступе́ньки вы́рубленной в скале́ **ле́стницы**.

→

III. 분리부호로 사용되는 경음부호 ъ 와 연음부호 ь

8. 경음부호 ъ의 사용

경음 부호 ъ	모음 е, ё, ю, я 앞의 경음부호 ъ	자음으로 끝나는 접두사 뒤에서	подъе́зд, съёмка, въезд
		접두사 ад-, аб-, диз-, ин-, интер-, кон-, контр-, об-, суб-, транс-, пост-를 가진 외래어에서	адъюта́нт, абъюра́ция, дизъюнкти́вный, инъе́кция, конъюнкту́ра, объём, объедине́ние, субъе́кт, трансъевропе́йский, постъя́дерный
		수사 двух-, трёх-, четырёх-를 갖는 복합어에서	двухъя́русный, трёхъязы́чный

▌연습문제▐ 다음 러시아어 문장들을 한국어로 옮기시오.

Его́ маши́на стоя́ла припарко́ванной недалеко́ от **подъе́зда.**

→

По слова́м врача́, инциде́нт произошёл при выполне́нии **инъе́кций** и перелива́ния кро́ви.

→

10 октября́ бу́дет при́нято официа́льное реше́ние об **объедине́нии** па́ртий.

Её брат, спа́вший внизу́ на **двухъя́русной** крова́ти, просну́лся ра́ньше всех.

→

9. 연음부호 ь의 사용

ь	모음 е, ё, ю, я 앞에서	портье́ра, серьёзный, соловьи́ный, вью́га, крестья́нин, интерье́р
	약간의 외래어 단어의 о 앞에서	медалько́н, почтальо́н, шампиньо́н

▌연습문제▐ 다음 러시아어 문장들을 한국어로 옮기시오.

Если мы не при́мем э́тот зако́н, то страна́ ока́жется в **серьёзном** экономи́ческом кри́зисе.

→

При созда́нии **интерье́ра** нови́нки ка́ждая дета́ль сало́на была́ тща́тельно проду́мана.

→

В приоткры́тые две́ри **почтальо́н** уви́дел стару́шку, кото́рая сиде́ла на своём привы́чном ме́сте.

→

IV. 접두사의 정자법

10. -з-, -с-로 끝나는 접두사

без-, воз-(вз-), из-, низ-, раз-, чрез- (через-)	모음과 유성자음 б, в, г, д, ж, з, л, м, н, р 앞의 з	безво́дный, возбужде́ние, взлете́ть, изгна́ть, низложи́ть, разде́лать, чрезвыча́йный, чрезме́рный
бес-, вос-(вс-), ис-, нис-, рас-, черес-	무성자음 к, п, с, т, ф, х, ц, ч, ш, щ 앞의 с	бесконе́чный, воспе́ть, вспо́мнить, испуга́ть, нисхожде́ние, расходи́ться, чересчу́р
раз- (рас-)	역점이 없을 때 а	разда́ть, расписа́ние, рассы́пать
роз- (рос-)	역점이 있을 때 о	ро́зданный, ро́спись, ро́ссыпь
с-	무성자음과 유성자음 앞에서도 변하지 않는 형태	спили́ть - сбить, сшить - сжить, скрести́ть - сгрести́, стере́ть - сде́лать

▌연습문제▐ 다음 러시아어 문장들을 한국어로 옮기시오.

Он обрати́лся к наро́ду страны́ с призы́вом **изгна́ть** из серде́ц вражду́ и не допусти́ть сму́ту в о́бществе.

→

Как показа́ла эксперти́за, причи́ной сме́рти ста́ло **чрезме́рное** употребле́ние алкого́ля.

→

Иссле́дования показа́ли, что чёрные ды́ры не мо́гут **бесконе́чно** расти́, они́ перестаю́т увели́чиваться, дости́гнув определённой ма́ссы.

→

Одна́ко ба́нки, су́дя по всему́, сочли́ э́тот план **чересчу́р** риско́ванным.

→

Президе́нт **разда́л** де́тям конфе́ты и со мно́гими сфотографи́ровался на па́мять.

→

Часть этой по́мощи уже́ дошла́ до пострада́вших райо́нов и бу́дет **ро́здана(=раздана́)** жи́телями.

→

В настоя́щий моме́нт не существу́ет устро́йства, кото́рое позво́лило бы **стере́ть** информа́цию с моби́льного телефо́на.

→

Инжене́ры компа́нии стара́лись **сде́лать** маши́ну, кото́рая бы подчёркивала индивидуали́зм и незави́симость своего́ владе́льца.

→

11. 접두사 пре-, при-

пре-	성질이나 행위의 '아주 높은 등급 또는 최고의 정도'를 나타내는 접두사 пре-는 óчень이나 вéсьма로 교체할 수 있음	пребольшóй (óчень), преуспевáть, преувеличивáть, преинтерéсный, пренеприя́тный, преумали́ть, преспокóйный
	чéрез나 по-инóму의 의미를 갖는 접두사 пре-는 пере-에 가까움	преступáть (пере...), превращáть, преображáть, претерпéть
при-	근교의 의미;	примóрский, прибрéжный;
	부가, 접근의 의미;	придéлать, прибивáть, пригибáть;
	불완전한 행위;	приоткры́ть, приостанови́ть;
	행위의 완성;	придýмать, пристýкнуть;
	수반되는 행위	припевáть, присви́стнуть

I 기억하세요! I

пре-	пребывáть, превзойти́, преграда, предáние, преéмник, президéнт, презирáть, прекослóвить, прельсти́ть, прелю́дия, препирáться, преподнести́, препя́тствие, престáвиться, претворя́ть, претéнзия
при-	прибаýтка, прибывáть, привидéние, привилéгия, призвáние, прилежáние, присмирéть, присýтствие, примити́вный, принцéсса, приоритéт, приохóтить, притвóрщица, притóн, приурóчить, причýдливый

▌연습문제▐ 다음 러시아어 문장들을 한국어로 옮기시오.

На собесе́довании соиска́тели ча́ще всего́ завыша́ют свою́ зарпла́ту и **преувели́чивают** зна́чимость предыду́щей до́лжности.

“Я пригласи́л вас, господа́, с тем, что́бы сообщи́ть вам **пренеприя́тное** изве́стие: к нам е́дет ревизо́р!”.

→

Фина́л спекта́кля, где побежда́ет любо́вь и справедли́вость, **превраща́ется** в грандио́зное пиротехни́ческое зре́лище.

→

За проше́дший год тра́ты россия́н на о́тдых не **претерпе́ли** суще́ственных измене́ний.

→

Росси́ю на э́той вы́ставке предста́вят **примо́рские** худо́жники.

→

Режиссёр обраща́ется к одно́й из са́мых популя́рных мировы́х пьес, жела́я **приоткры́ть** заве́су те́мной стороны́ любви́.

→

В ка́честве одно́й из причи́н ро́ста заболева́емости и ухудше́ния самочу́вствия экспе́рты выделя́ют хрони́ческий стресс, в кото́ром **пребыва́ют** россия́не.

→

Когда́ матро́с взду́мал ему́ **прекосло́вить**, полко́вник уда́рил своего́ подчинённого кулако́м по лицу́ и голове́.

→

Гла́вными **препя́тствиями** на пути́ осуществле́ния пла́на сейча́с ста́ли техни́ческие пробле́мы.

→

Благодаря́ свое́й работоспосо́бности и **прилежа́нию** коре́йский наро́д со време́нем дости́гнет высо́кой культу́ры

→

Два росси́йских корабля́ **прибыва́ют** с дру́жественным визи́том в Респу́блику Коре́я.

→

Пе́рвая часть докуме́нта определя́ет **приорите́ты** разви́тия экономи́ческой, социа́льной, гуманита́рной и правово́й сфер страны́.

→

12. 접두사 뒤의 모음 ы, и

ы	자음으로 끝나는 접두사의 뒤	игра́ть - сыгра́ть - отыгра́ть, иска́ть - подыска́ть - разыска́ть, истори́ческий - предысторический
и	접두사 меж-, сверх- 뒤에서, 외래어에서 온 접두사 контр-, дез-, транс-, пан-, суб- 뒤에서	межинститу́тский, сверхизы́сканный, контригра́, дезинформа́ция, трансиорда́нский, панислами́зм, субинспе́ктор

▎기억하세요! ▎ взима́ть, взира́ть, отнима́ть, поднима́ть, снима́ть, изыма́ть, подыма́ть, отыма́ть

▎연습문제 ▎ 다음 러시아어 문장들을 한국어로 옮기시오.

Он всегда́ подчёркивал ни с чем несравни́мую роль, кото́рую **игра́ет** в его́ жи́зни семья́.

→

Боле́льщики до после́дней мину́ты ве́рили в то, что их сбо́рная смо́жет **отыгра́ться.**

→

Разви́тие земно́й цивилиза́ции **истори́чески** шло в но́гу с освое́нием морски́х простра́нств.

→

Учёные пыта́ются соста́вить о́бщую карти́ну формирова́ния и разви́тия языко́в населе́ния Евра́зии в **предыстори́ческие** времена́.

→

Да́нный тип материа́ла разреша́ет изгото́вить любо́й **сверхизы́сканный** зака́з вероя́тного клие́нта.

→

В коммунисти́ческие времена́ секре́тные слу́жбы осо́бенно охо́тно прибега́ли к прямо́му обма́ну и **дезинформа́ции.**

→

Не **взира́я** на проте́сты бо́льшей ча́сти населе́ния страны́, зако́н был при́нят.

→

За исключе́нием лишь не́которых ви́дов кефи́ра и смета́ны, вся остальна́я моло́чная проду́кция неукло́нно **подыма́ется** в цене́.

→

V. 명사의 정자법

13. 명사

사물의 명칭을 나타내는 품사이다. 러시아어 명사에는 3가지의 성 체계와 2가지의 수 체계, 그리고 6가지의 격 체계가 있다. 명사는 보통명사, 고유명사, 물질명사, 집합명사, 추상명사 등으로 분류된다. 통상 보통명사와 집합명사는 셀 수 있는 명사(가산명사)에 속하고, 고유명사, 물질명사, 추상명사는 셀 수 없는 명사(불가산 명사)에 속한다. 명사는 또한 활동체 명사와 불활동체 명사로 나누어진다.

14. 명사의 격

격	질문	-어미변화		
		여성명사	중성명사	남성명사
주격	кто? что?	-а, -я, -ь	-о, -е	−, -ь, -й
생격 (소유격)	когó? чегó?	-ы, -и -и	-а, -я	-а -и→-я -я
여격	комý? чемý?	-е -е -и	-у, -ю	-у -ю -ю 또는 а
대격 (목적격)	когó? что?	-у, -ю -ь	-о, -е	-ь 또는 -я -й 또는 -я
조격 (도구격)	кем? чем?	-ой (-ою) -ей (-ею) -ьго	-ом, -ем	-ом, -ем(-ём), -ем
전치격	(о) ком? (о) чём?	-е -е -и	-е	-е, -и, -е

15. –ия, –ий, –ие로 끝나는 명사의 특수 변화

(예: ле́кция, планета́рий, состяза́ние)

격	여성명사	남성명사	중성명사	어미변화
주격=1격	-ия	-ий	-ие	ле́кция планета́рий состяза́ние
생격=2격	-ии	-ия	-ия	ле́кции планета́рия состяза́ния
여격=3격	-ии	-ию	-ию	ле́кции планета́рию состяза́нию
대격=4격	-ию	-ий	-ие	ле́кцию планета́рий состяза́ние
조격=5격	-ией	-ием	-ием	ле́кцией планета́рием состяза́нием
전치격=6격	-ии	-ии	-ии	(о) ле́кции (о) планета́рии (о) состяза́нии

▌연습문제▐ 다음 러시아어 문장들을 한국어로 옮기시오.

Студе́нтам в тече́ние получа́са чита́ли **ле́кции** о вре́де куре́ния.

→

Городско́й **планета́рий** закры́т на ремо́нт, ориентиро́вочно, до 25 декабря́ 2009 го́да.

→

Фестива́ль включи́л в себя́ не то́лько спорти́вные **состяза́ния**, но и тво́рческие выступле́ния.

→

16. -мя와 -ть로 끝나는 명사의 불규칙 변화 [1) бре́мя, вре́мя, вы́мя, зна́мя, и́мя, пла́мя, пле́мя, се́мя, стре́мя, те́мя 2) путь]

1) бре́мя, вре́мя, вы́мя, зна́мя, и́мя, пла́мя, пле́мя, се́мя, стре́мя, те́мя,
2) путь

주격	-я -ь	пле́мя путь
생격	-ени -и	пле́мени пути́
여격	-ени -и	пле́мени пути́
대격	-я -ь	пле́мя путь
조격	-енем -ём	пле́менем путём
전치격	-ени -и	(о) пле́мени (о) пути

연습문제 다음 러시아어 문장들을 한국어로 옮기시오.

Мини́стр фина́нсов Алексе́й Кудри́н поддержа́л ме́ры по сниже́нию налого́вого **бре́мени**.

→

В Нью-Йо́рке я провожу́ доста́точно мно́го **вре́мени**, он всегда́ был для меня́ осо́бенным ме́стом.

→

На **вы́мени** у коро́вы появи́лись борода́вки, и они́ постоя́нно увели́чиваются.

→

Его́ и́мя остаётся ло́зунгом, си́мволом и **зна́менем** для мно́гих поколе́ний.

→

В пе́рвую о́чередь жела́ю ли́чно извини́ться от себя ли́чно и от и́м**ени** на́шего коллекти́ва в связи́ с э́тим инциде́нтом.

→

Спустя́ час удало́сь локализова́ть пожа́р, не дав **пла́мени** переки́нуться на ве́рхние этажи́ зда́ния.

→

На основа́нии свои́х наблюде́ний за жи́знью **пле́мени** екуа́на он написа́л кни́гу, по́лную удиви́тельных вы́водов

→

В прода́жу на́чало поступа́ть ма́сло из бо́лее деше́вых **семя́н** но́вого урожа́я.

→

Име́я опо́ру на **стре́мя**, вса́дник бо́лее не рискова́л свали́ться на зе́млю при лихо́м зама́хе.

→

Как ско́ро до́лжен зарасти́ родничо́к на **те́мени** у грудно́го ребёнка?

→

Он плани́рует спасти́ музе́и от нехва́тки фина́нсов **путём** улучше́ния марке́тинга.

→

17. 명사의 접미사

✽ 접미사 -ек-, -ик-

-ек-	어형 변화 시 모음 е가 탈락되는 경우	дружо́чек → дружо́чка, оре́шек → оре́шка, листо́чек → листо́чка
-ик-	어형 변화 시 모음 и가 유지된 경우	шала́шик → шала́шика, ма́льчик → ма́льчика, сто́лик → сто́лика

▌연습문제▐ 다음 러시아어 문장들을 한국어로 옮기시오.

Он потрепа́л её по маку́шке, потяну́л за плечо́ и забормота́л винова́то: “Ле́нка, **дружо́чек**”.
“Вот е́сли бы **дружо́чка** найти́!” - ти́хо говори́т он и добавля́ет, что то́лько неда́вно поссо́рился с челове́ком, с кото́рым жил.

→

Ма́ленький **сто́лик** удо́бен в гости́ной: на него́ мо́жно положи́ть кни́гу и́ли журна́л.

→

Если вы собира́етесь провести́ ве́чер в рестора́не и́ли кафе́, лу́чше зара́нее позабо́титься о зака́зе **сто́лика**.

→

✽접미사 -ец-, -иц-

남성명사 (출몰 모음) -ец-		моро́зец → моро́зца, го́рец → го́рца
여성명사 -иц-		кни́жица, владе́лица, краса́вица
중성명사	강세가 어미에 오면 -ец-	письмецо́, пальтецо́
	강세가 접미사 앞에 오면 -иц-	кре́слице, пла́тьице

연습문제 다음 러시아어 문장들을 한국어로 옮기시오.

У нас наступи́ла зима́, вы́пал бе́лый чи́стый снег, лёгкий **моро́зец.**

→

На у́тро следо́в неда́внего ночно́го **моро́зца** нет и в поми́не.

→

Биле́ты на мю́зикл «**Краса́вица** и чудо́вище» мо́жно приобрести́ пря́мо сейча́с!

→

На днях я получи́ла от него́ очередно́е **письмецо́.**

→

Осо́бенно пригляну́лись нам не́жные **пла́тьица** с дли́нной бахромо́й.

→

✽ 접미사 -ичк-, -ечк-

-ичк-	-иц-가 들어간 여성명사의 지소형이나 애칭형	ле́стница → ле́стничка, у́мница → у́мничка, пу́говица → пу́говичка
-ечк-	1) 그 밖의 경우 2) -мя형 중성명사의 지소형이나 애칭형	тро́ечка, у́тречко, Ва́нечка, вре́мя → вре́мечко, се́мя → се́мечко

연습문제 다음 러시아어 문장들을 한국어로 옮기시오.

Из кварти́р, располо́женных этажо́м вы́ше, по пожа́рным **ле́стницам** бы́ли эвакуи́рованы четы́ре челове́ка.

→

Сбо́ку нахо́дится у́зкая винтова́я **ле́стничка**, веду́щая наве́рх, где живу́т хозя́ева.

→

Вдоль по доро́ге **тро́ечка** мчи́тся. “Динь-динь-ди́нь, динь-динь-ди́нь!”, - колоко́льчик звени́т.
“Но́вое **вре́мечко**” - э́то практи́чески еди́нственное ток-шо́у, кото́рое говори́т о пробле́мах просто́го челове́ка.

→

✽ 접미사 -чик-, -щик-

-чик-	д, т, з, с, ж 뒤에서	вкла́дчик, буфе́тчик, перево́зчик, подпи́счик, перебе́жчик
-щик-	그 밖의 경우	дрессиро́вщик, ка́менщик, фона́рщик, ба́нщик

▌연습문제▐ 다음 러시아어 문장들을 한국어로 옮기시오.

Прави́тельство сде́лает всё возмо́жное, что́бы защи́тить де́ньги **вкла́дчиков.**

→

Пре́жде всего́ в **перево́зчике** клие́нт це́нит ско́рость, ка́чество и надёжность.

→

По слова́м **дрессиро́вщика**, что́бы подгото́вить живо́тное к но́вому но́меру, ну́жно приложи́ть ма́ссу сил и эне́ргии.

→

В про́шлое воскресе́нье, находя́сь по обыкнове́нию в ба́не, я услы́шал от **ба́нщика** любопы́тную исто́рию.

→

❀ 접미사 -оньк-, -еньк-

-оньк-	1) 경자음 뒤에서 2) 경자음 뒤에서도 -еньк-가 되는 경우	ли**cá** → ли́сонька, берёза → берёзонька, Ма́рфа → Ма́рфенька
-еньк-	1) 연자음 뒤에서, 2) 쉬음 뒤에서, 3) 모음 뒤에서	Ка́тя → Ка́тенька, ту́ча → ту́ченька, Зо́я → Зо́енька

❙ 기억하세요! ❙ ба́иньки, за́иньки, па́иньки

❙ 연습문제 ❙ 다음 러시아어 문장들을 한국어로 옮기시오.

Изве́стную всем пе́сню о **берёзоньке**, что пе́сню “во́ поле стоя́ла” пе́ли ещё мои́ ба́бушка и ма́ма, а тепе́рь и я напева́ю её свое́й пятиме́сячной вну́чке.

→

Бро́ви молодца́ – кры́лья ла́сточки, на плеча́х его́ бу́рка чёрная, сло́вно **ту́ченька** грозова́я.

→

Ба́ю-ба́ю-ба́иньки, Прибежа́ли за́иньки: Спит ли ва́ша де́вочка?

→

VI. 형용사의 정자법

18. 형용사

사물의 성질, 상태, 종류 등을 나타내는 품사로 명사와 연관되어 사용되며 성, 수, 격에 있어서 명사와 일치한다. 형용사는 성질형용사, 관계형용사, 소유형용사로 나누어진다.

형용사의 특징	1) 대상의 특성을 나타낸다. 2) 자신이 수식하는 명사의 성, 수, 격과 일치한다.

19. 형용사의 접미사

✻ 접미사 -ив-, -ев-

-ив-	역점이 있을 때	краси́вый, правди́вый, игри́вый
-ев-	역점이 없을 때	дождево́й, боево́й, сире́невый
❙예외❙ ми́лостивый, юро́дивый		

❙연습문제❙ 다음 러시아어 문장들을 한국어로 옮기시오.

Краси́вая же́нщина и сигаре́та во рту соверше́нно несовмести́мы.

→

Си́льные **дождевы́е** оса́дки уме́ньшили ви́димость на доро́гах до ме́нее одного́ киломе́тра.

→

Бу́дем наде́яться, что и в э́тот раз судьба́ ока́жется **ми́лостивой** к нему́.

→

✽ 접미사 -оньк-, -еньк-

-оньк-	г, к, х 뒤에서	лего́нький, высо́конький, су́хонький
-еньк-	그 밖의 경우	зелёненький, дешёвенький, тёпленький

▌연습문제▐ 다음 러시아어 문장들을 한국어로 옮기시오.

Пого́да стоя́ла про́сто пре́лестная: **лего́нький** снежо́к, всё бе́лое круго́м, не хо́лодно.

→

Кита́йцы вы́пустили са́мый **дешёвенький** ноутбу́к в ми́ре.

→

✽접미사 -к-, -ск-

-к-	형용사가 단어미 형태를 가지고 있을 때	у́зок → у́зкий, де́рзок → де́рзкий, ни́зок → ни́зкий, вя́зок → вя́зкий
	형용사가 к, ч, ц로 끝나는 어간을 가진 명사에서 파생되었을 때	не́мец → неме́цкий; рыба́к → рыба́цкий; ткач → тка́цкий; батра́к → батра́цкий
-ск-	그 밖의 경우	матро́с → матро́сский; францу́з → францу́зский; богаты́рь → богаты́рский

❙ 기억하세요! ❙

달의 명칭에서 파생된 형용사들은 연음부호 ь를 그대로 유지함	апре́ль → апре́льский, ию́ль → ию́льский, сентя́брь → сентя́брьский
❙ 예외 ❙ янва́рь → янва́рский (연음부호 ь가 탈락되는 경우임)	

❙ 연습문제 ❙ 다음 러시아어 문장들을 한국어로 옮기시오.

Узок оказа́лся круг претенде́нтов на гла́вный приз фестива́ля.

→

К э́тому **у́зкому** мосту́ веду́т доро́ги как с се́вера, так и с ю́га.

→

В сто́рону ре́чки из дере́вни идёт **рыба́к.**

→

Для мно́гих начина́ющих и́менно кара́сь был са́мой пе́рвой **рыба́цкой** добы́чей.

→

Чудоде́йственную духо́вную и физи́ческую си́лу **богаты́рь** Илия́ Му́ромец испо́льзовал то́лько для защи́ты Оте́чества и восстановле́ния справедли́вости.

→

Расши́рить представле́ние шко́льников о геро́ях ру́сского **богаты́рского** э́поса, помо́жет карти́на В. М. Васнецо́ва <**Богаты́рский** скок>.

→

Большинство́ материа́лов **апре́льского** вы́пуска посвящено́ пробле́мам отцо́в и дете́й.

→

Междунаро́дная организа́ция труда́ повы́сила в четы́ре ра́за свой **янва́рский** прогно́з по безрабо́тице.

→

20. 형용사의 접미사에서 -н-, -нн-

<table>
<tr><td rowspan="6">형용사의
접미사에서 -н-</td><td>다른 품사로부터 파생되지 않은 고유 형용사</td><td>ю́ный, си́ний, рья́ный</td></tr>
<tr><td>접미사 -ан-, -ян-, -ин-가 있는 형용사의 변화</td><td>ко́жаный, сере́бряный
глиня́ный, кури́ный</td></tr>
<tr><td colspan="2">❙예외❙ стекля́нный, оловя́нный, деревя́нный</td></tr>
<tr><td>접미사 -н-, -ен-을 갖는 불완료상 동사에서 파생돼, 종속어를 갖지 않은 형용사</td><td>гру́женые ваго́ны
вя́заная ко́фта
жа́реные караси́</td></tr>
<tr><td colspan="2">❙예외❙ жела́нный, свяще́нный, нега́данный,
да́нный, неслы́ханный</td></tr>
</table>

❙연습문제❙ 다음 러시아어 문장들을 한국어로 옮기시오.

Во́зраст **ю́ных** спортсме́нов коле́блется от шести́ до 12 лет.

→

Две меда́ли - **сере́бряную** и бро́нзовую - завоева́ли россия́не в пе́рвый день Олимпиа́ды.

→

Триумфа́льные а́рки в старину́ бы́ли, как пра́вило, **деревя́нными,** а потому́ существова́ли недо́лго.

→

Жа́реных карасе́й вы́ложить в фо́рму для запека́ния, обложи́ть кольца́ми лу́ка, зали́ть смета́ной и поста́вить в духо́вку.

→

Это же́нщина, кото́рая ждёт **жела́нного** ребёнка.

→

<table>
<tr><td rowspan="4">형용사의
접미사에서-нн-</td><td>어간이 -н으로 끝나는 명사와
형용사형 접미사 -н-의
결합으로 형성된 형용사</td><td>лимо́нный (лимо́н + н)
маши́нный (маши́на + н)
сонный (сон + н)</td></tr>
<tr><td>접미사 -енн-, -онн-이 있는
형용사의 변화</td><td>клю́квенный,
соло́менный,
революцио́нный</td></tr>
<tr><td colspan="2">▌예외▐ ве́треный</td></tr>
<tr><td>접두사가 있을 때</td><td>безве́тренный
подве́тренный</td></tr>
</table>

▌기억하세요!▐

1) 장어미형에서 -н-이면 단어미도 -н-, 2) 장어미형에서 -нн-이면 단어미도 -нн-	Тра́вы зелены́ (зелёный); Доро́га длинна́ (дли́нный)

| 연습문제 | 다음 러시아어 문장들을 한국어로 옮기시오.

По хими́ческому соста́ву **лимо́нный** сок о́чень бога́т органи́ческим ка́лием.

→

Жи́тель Великобрита́нии постро́ил себе́ дом из **соло́менных** бло́ков.

→

За́втра нас ожида́ет **ве́треный** день, без оса́дков.

→

По́мню, как-то в **безве́тренный** и со́лнечный день мы взя́ли на не́сколько часо́в небольшо́й ка́тер и ката́лись по Неве́.

→

Ли́стья и **тра́вы** сего́дня осо́бенно **зелены́** и краси́вы!

→

Когда́ тебя́ несу́т на спине́, ты не зна́ешь, что **доро́га длинна́**.

→

21. 형용사의 어미

<table>
<tr><td rowspan="2">성질형용사
관계형용사</td><td>경변화</td><td>1) -ий,
2) -ый,
3) -ой (어미에 역점이 있을 때)</td><td>мя́гкий,
но́вый,
пожило́й,
дорого́й</td></tr>
<tr><td>연변화
(ж, ч, ц, ш, щ)</td><td>1) -ий (항상 역점이 없음),
2) -ый (ц 뒤에서),
3) -ой (-жо́й, -шо́й)</td><td>хоро́ший, си́ний,
си́льный, ку́цый,
большо́й, чужо́й</td></tr>
<tr><td rowspan="2">소유형용사</td><td>-ий</td><td colspan="2">ли́сий, во́лчий, медве́жий</td></tr>
<tr><td>-ин (ын)
-о́в (-ев)</td><td colspan="2">ма́мин, дя́дин, сестри́цын
отцо́в, те́стев</td></tr>
<tr><td colspan="2">형용사의 강세가 없는 어미는 질문으로 검증할 수 있음</td><td colspan="2">о кни́ге (како́й? -ой, -ей) интере́сной.
к де́реву (како́му? -ому, -ему) высо́кому.
куста́рник (како́й? -ой, -ый, -ий) колю́чий.</td></tr>
<tr><td colspan="2">어미에 -ый (-ая, -ое)가 오는 예외적인 경우</td><td colspan="2">за́городный, междугоро́дный,
подгоро́дный, при́городный</td></tr>
<tr><td colspan="2">어미에 -ий (-яя, -ее)가 오는 예외적인 경우</td><td colspan="2">иногоро́дний</td></tr>
<tr><td colspan="2">어미에 -ий(-яя, -ее)와 -ый(-ая, -ое)가 같이 쓰이는 경우</td><td colspan="2">бескра́йний
бескра́йный</td></tr>
</table>

연습문제 다음 러시아어 문장들을 한국어로 옮기시오.

Оппози́ция назва́ла но́вый зако́н сли́шком **мя́гким.**

→

Пожило́й мужчи́на вы́шел на у́лицу с охо́тничьим ружьём.

→

К ве́черу температу́ра опусти́лась ни́же нуля́ и дул **си́льный** ве́тер.

→

Го́сти на́чали матч чуть акти́вней, проводя́ бо́льше вре́мени на **чужо́й** полови́не по́ля.

→

Ли́сий мех сего́дня ма́ло кого́ привлека́ет.

→

Это был настоя́щий семе́йный пра́здник - **ма́мин** юбиле́й, воспомина́ние о кото́ром оста́нется у нас на всю оста́вшуюся жизнь.

→

Услы́шав нечелове́ческий **те́стев** крик, мы вбежа́ли в сосе́днюю ко́мнату.

→

Мой знако́мый рассказа́л мне об одно́й **интере́сной кни́ге**.

→

Он верну́лся в окре́стности ла́геря и при́нялся лома́ть **колю́чий куста́рник**.

→

Вы мо́жете купи́ть ую́тный **за́городный** дом на берегу́ лесно́го о́зера.

→

На мину́вшей неде́ле на́ша фи́рма откры́ла свой пе́рвый **иногоро́дний** магази́н — в То́мске.

→

Впереди́ пе́ред путеше́ственниками открыва́лся **бескра́йний** просто́р.

→

Фо́рма **бескра́йный** явля́ется устаре́вшей и не рекоменду́ется в настоя́щее вре́мя к испоельзованию.

→

VII. 복합어의 정자법

22. 복합어에서의 결합모음 о, е

경자음 어간 뒤의 о	домосе́д, звероло́вство, сороконо́жка, кровообраще́ние
연자음, 쉬음, ц 어간 다음의 е	кожее́д, жизнеописа́ние, овцево́дство, птицело́в, овощехрани́лище

연습문제 다음 러시아어 문장들을 한국어로 옮기시오.

Домосе́д – это тот, кто предпочита́ет проводи́ть свобо́дное вре́мя до́ма.

→

Ра́достная му́зыка стимули́рует **кровообраще́ние.**

→

В кни́ге публику́ется его́ **жизнеописа́ние**, соста́вленное его́ бли́зким дру́гом.

→

Птицело́в то и де́ло беспоко́йно задира́л го́лову к не́бу.

→

23. 복합명사의 정자법

✾ 직접 결합

복합단어의 구성요소 авто-, радио-, био-, вело-, нео-, стерео-, авиа-, фото-, зоо-, моно-, электро-, микро-, аэро-, метео-, агро-, кино-, гидро-, макро-. аудио-, видео-, медиа-	авторы́нок, радиоволна́, биоору́жие, велоспо́рт, неонаци́зм, стереоза́пись, авиасало́н, фотогра́фия, зоопа́рк, монога́мный, электропо́езд, микроэлеме́нт, аэросъёмка, метеосво́дка, агроко́мплекс, киногеро́й, гидронасо́с, макропоказа́тели, аудиокассе́та, видеопроду́кция, медиахо́лдинг
앞의 동사부가 -и로 끝나는 복합약어	горицве́т, сорвиголова́, вертише́йка, шумиголова́, держимо́рда

| 예외 | перекати́-по́ле (하이픈으로 결합)

| 연습문제 | 다음 러시아어 문장들을 한국어로 옮기시오.

В ближа́йшее вре́мя на росси́йском **авторы́нке** мо́гут появи́ться но́вые иностра́нные компа́нии.

→

Моско́вский **зоопа́рк**, располо́женный в са́мом **це́нтре го́рода, старе́йший** и крупне́йший **зоопа́рк** на́шей страны́.

→

Метеосво́дки мо́гут передава́ться как откры́тым те́кстом, так и в ви́де закоди́рованных сообще́ний.

→

Медиахо́лдинг <Экспе́рт> объяви́л по ито́гам иссле́дования са́мый быстрорасту́щий би́знес в Росси́и.

→

Но́чью геро́й фи́льма превраща́ется в **сорвиголову́** в ма́ске, в челове́ка без стра́ха, и восстана́вливает справедли́вость.

→

Назва́ние **горицве́т** э́то расте́ние получи́ло из-за свои́х цветко́в.

→

Вот е́дет он с молодо́й жено́й ми́мо по́ля на теле́ге, а по по́лю ве́тер **перекати́-по́ле** несёт.

→

✱ 하이픈(-)으로 결합

독립명사 2개의 결합	дина́мо-маши́на, стоп-кран, ва́куум-насо́с, кре́сло-крова́ть, плащ-пала́тка, премье́р-мини́стр, генера́л-майо́р, пресс-це́нтр, пресс-конфере́нция
정치적 경향 및 정당	ана́рхо-синдикали́зм, национа́л-демократи́ческий, социа́л-революционе́ры
감정어가 주요 단어에 부가되는 경우	бой-ба́ба, па́инька-ма́льчик, чу́до-ры́ба, го́ре-руководи́тель, ура́-патриоти́зм
계량 단위	грамм-кало́рия, то́нно-киломе́тр, килогра́мм-час, челове́ко-день

| 예외 | трудоча́с, трудоде́нь (직접 결합)

| 연습문제 | 다음 러시아어 문장들을 한국어로 옮기시오.

Че́рез па́ру мину́т по́сле того́, как по́езд тро́нулся, нача́льник эшело́на сорва́л **стоп-кран**.

→

Премье́р-мини́стр Коре́и встре́тился с мини́стром оборо́ны США.

→

В Кремле́ заверши́лась больша́я **пресс-конфере́нция** Влади́мира Пу́тина для росси́йских и иностра́нных журнали́стов.

→

Все пять победи́телей на состоя́вшихся вы́борах представля́ли **национа́л-демократи́ческую** па́ртию.

→

Ра́ньше он был тако́й **па́инька-ма́льчик**, а вчера́ предста́л пе́ред на́ми похо́жим на геро́ев из голливу́дских боевико́в.

→

Грамм-кало́рия - э́то коли́чество теплоты́, необходи́мое для нагрева́ния одного́ гра́мма воды́ на оди́н гра́дус.

→

Чем бо́льше мы тра́тим вре́мени на рабо́ту, тем деше́вле стано́вится наш **трудоча́с**.

→

24. 복합형용사의 정자법

✽직접 결합

복합명사로부터	пешехóдный, паровóзный
형용사와 명사와 어결합	железнодорóжный (желéзная дорóга) древнерýсский (дрéвний рýсский)
부사와 결합하여	высокообразóванный, быстротéчный, глубокоуважáемый, нижеподписáвшийся
학술-기술 용어, 문어적 표현	азотнокислóтный, насекомоя́дные, свежескóшенный, обоюдоóстрый

‖ 연습문제 ‖ 다음 러시아어 문장들을 한국어로 옮기시오.

Пешехóдный тури́зм - э́то разнови́дность тури́стского путешéствия, котóрое осуществля́ется пешкóм.

→

По мéре разви́тия **древнерýсского** госудáрства, а и́менно в 882 годý, егó столи́ца былá перенесенá в Ки́ев кня́зем Олéгом.

→

Сейчáс наступáет врéмя, когдá **высокообразóванный** человéк станóвится основны́м произвóдственным ресýрсом в ведýщих стрáнах.

→

На древнегрéческих вáзах **обоюдоóстрый** топóр изображáлся как принадлéжность Зéвса-громовéржца.

→

✽하이픈(-)으로 결합

보충적인 뉘앙스가 담긴 특성	ки́сло-сла́дкий, го́рько-солёный, доброду́шно-хи́трая (улы́бка)
색깔의 미묘한 특색	моло́чно-бе́лый, бле́дно-ро́зовый
동종의 형용사들 (= и, но, не то́лько의 의미)	а́нгло-ру́сский, кра́сно-бе́ло-си́ний (флаг) электро́нно-вычисли́тельный (центр)
-ико-로 끝나는 복합형용사의 첫 부분	фи́зико-математи́ческий, диале́ктико-материалисти́ческий
ю́жно-, се́верно-, восто́чно-, за́падно-로 시작하는 지명	Восто́чно-Европе́йская (равни́на), За́падно-Коре́йский (зали́в), Се́веро-Восто́чный (райо́н), Ю́жно-Кита́йское (мо́ре)

▌연습문제▐ 다음 러시아어 문장들을 한국어로 옮기시오.

Этот со́ус, легко́ изгота́вливаемый в дома́шних усло́виях, придаёт блю́ду **ки́сло-сла́дкий** вкус.

→

Бле́дно-ро́зовый цвет хорошо́ сочета́ется с се́рым цве́том.

→

Хоро́ший **англо́-ру́сский** перево́дчик – э́то профессиона́л со специа́льным вы́сшим образова́нием и соли́дным ста́жем рабо́ты.

→

Фи́зико-математи́ческий факульте́т на́шего университе́та явля́ется одни́м из старе́йших факульте́тов страны́.

→

Совре́менная **восто́чно-европе́йская** овча́рка не́сколько отлича́ется от свои́х предше́ственников улу́чшенной анато́мией.

→

VIII. 수사의 정자법

25. 수사

수사란 사물의 수나 양 또는 순서를 나타내는 품사이다. 개수사, (순)서수사, 집합수사로 나누어진다. 수사는 또한 그 구성에 따라 기수사, 복합수사, 합성수사로 나누어진다.

의미와 문법적 자질에 따른 (수사의) 분류	개수사	ско́лько?	пять, де́сять
	(순)서수사	како́й?	пя́тый, деся́тый
구성성분에 따른 분류	단순(수)사	три, де́вять, второ́й	
	복합수사	пятьдеся́т, се́мьдесят, двухсо́тый	
	합성수사	два́дцать пять, три́дцать седьмо́й	
	분수(수)사	две пя́тых, четы́ре восьмы́х	

26. 수량수사의 격변화

격 \ 수량수사	5~20, 30	40, 90, 100	50~80, 200~900
주격	пять	со́рок, сто	три́ста шестьдеся́т
생격	пяти́	сорока́, ста	трёхсо́т шести́десяти
여격	пяти́	сорока́, ста	трёмста́м шести́десяти
대격	пять	со́рок, сто	три́ста шестьдеся́т
조격	пятью́	сорока́, ста	тремяста́ми шестью́десятью
전치격	(о) пяти́	(о) сорока́, ста	(о) трёхста́х шести́десяти

▌연습문제▐ 다음 러시아어 문장들을 한국어로 옮기시오.

В отли́чие от совреме́нного календаря́, в библе́йских да́тах все ме́сяцы равны́ тридцати́ дням, а год всегда́ ра́вен **трёхсо́т шести́десяти** дням.

→

27. 합성수사의 격변화

합성수사에서는 아래의 표와 같이 합성수사를 구성하는 각각의 수사가 각기 격변화를 한다.

예 965 девятьсóт шестьдеся́т пять

주격	девять**сóт** шестьдеся́т пять
생격	девяти**сóт** шести́десяти пяти́
여격	девяти**стáм** шести́десяти пяти́
대격	девять**сóт** шестьдеся́т пять
조격	девятью**стáми** шестью́десятью пятью́
전치격	(о) девяти**стáх** шести́десяти пяти́

연습문제 다음 러시아어 문장들을 한국어로 옮기시오.

Высотá горы́ Мáлый Арарáт равнá трём ты́сячам **девятистáм** двадцати́ **пяти́** мéтрам.

→

28. 분(수)사의 격변화

분(수)사는 격변화 할 때 두 부분이 변화한다: 분자는 정수처럼 격변화하고, 분모는 복수형용사처럼 격변화 한다.

| 예 | $\frac{3}{7}$ | 3 - 분자: 수량수사
7 - 분모: (순)서수사 | три
седьмы́х | ⇒ три седьмы́х |

주격	три седьмы́х
생격	трёх седьмы́х
여격	трём седьмы́м
대격	три седьмы́х
조격	тремя́ седьмы́ми
전치격	(о) трёх седьмы́х

❙ 연습문제 ❙ 다음 러시아어 문장들을 한국어로 옮기시오.

Найди́те **три седьмы́х** ча́сти от величины́ ра́вной 42 кг.

→

29. 집합수사 óба, óбе의 격변화

격 \ 성	남성과 중성	여성
주격	óба	óбе
생격	обóих	обéих
여격	обóим	обéим
대격	óба	óбе
조격	обóими	обéими
전치격	(об) обóих	(об) обéих
	어간 обó-(обóих игрокóв)	어간 обе-(обéим комáндам)

▌연습문제▐ 다음 러시아어 문장들을 한국어로 옮기시오.

Нам **обóим** остáлось полторá гóда до окончáния университéта.

→

Подпи́санный договóр дóлжен соблюдáться **обéими** сторонáми одновремéнно.

→

30. 수사(수량대명사) полторáста(150)와 полторá(1.5)의 격변화

수사(또는 수량대명사) полторá와 полторы́는 два처럼 형용사와 명사에 대한 격지배를 한다.

격 \ 수사 + 명사	수사 + 남성명사	수사 + 남성명사	수사 여성명사
주격	**пол**торáста лет	**пол**торá рубля́	**пол**торы́ копéйки
생격	полу́тораста лет	полу́тора рублéй	полу́тора копéек
여격	полу́тораста лет	полу́тора рубля́м	полу́тора копéйкам
대격	**пол**торáста лет	**пол**торá рубля́	**пол**торы́ копéйки
조격	полу́тораста лет	полу́тора рубля́ми	полу́тора копéйками
전치격	полу́тораста лет	полу́тора рубля́х	полу́тора копéйках

▌연습문제▐ 다음 러시아어 문장들을 한국어로 옮기시오.

Около **полу́тораста** сотру́дников нáшей компáнии бы́ли уво́лены за послéдний мéсяц.

→

Бо́лее **полу́тора** миллио́нов автомоби́лей бы́ло ввезено́ в Росси́ю в 2008 году́.

→

Билéт в теáтр сто́ит **полторы́** ты́сячи рублéй.

→

31. 복합어 성분으로서의 수사 пол-

직접 결합	수사 пол-이 사용된 복합어의 두 번째 부분이 л이외의 자음으로 시작되면, пол-은 두 번째 부분과 직접 결합함	полме́тра, полкилогра́мма, полдеся́того, полми́ра
	부사 성분일 경우	вполго́лоса, вполоборо́та
하이픈으로 결합	수사 пол-이 사용된 복합어의 두 번째 부분이 모음이나 л 또는 고유명사로 시작되면, пол-은 두 번째 부분과 하이픈으로 결합함	пол-апельси́на, пол-оборо́та, пол-лимо́на, пол-ли́тра, пол-Коре́и, пол- Атла́нтики
❙ 기억하세요! ❙	поллитро́вка	
분리된 경우	수식어가 존재할 때는 пол-을 두 번째 부분과 분리시키고, 수식어를 그 사이에 놓음	пол столо́вой ло́жки, пол фрукто́вого са́да

❙ 연습문제 ❙ 다음 러시아어 문장들을 한국어로 옮기시오.

Госуда́рственные магази́ны в Кита́е рабо́тают без выходны́х с **полдеся́того** утра́ и до **полдеся́того** ве́чера,

→

Си́дя на скаме́йке, стари́к **вполго́лоса** расска́зывал что-то сосе́ду.

→

При анги́не в нача́льной ста́дии поле́зно съесть **пол-лимо́на** сре́дней величины́ вме́сте с кожуро́й.

→

На своём ста́реньком мотоци́кле он уже́ исколеси́л **пол-Коре́и.**

→

Сло́во **поллитро́вка** пи́шется сли́тно, так как втора́я часть его́ не явля́ется существи́тельным в фо́рме роди́тельного падежа́.

→

По реце́пту рекомендова́лось доба́вить **пол сто́ловой ло́жки** оли́вкового ма́сла.

→

32. 숫자 가운데의 연음부호 ь와 숫자 끝의 연음부호 ь

ь - 단어 끝에서 연음부호 가능	5~20, 30 пять, четы́рнадцать, два́дцать, три́дцать
ь - 단어 중간에서 연음부호 가능	50~80, 500~900 (주격, 대격) се́мьдесят, шестьсо́т, девятьсо́т

▎기억하세요! ▎ пятна́дцать, шестна́дцать, семна́дцать, восемна́дцать, девятна́дцать (단어 중간에 연음부호 ь가 쓰이지 않는 경우)

▎연습문제 ▎ 다음 러시아어 문장들을 한국어로 옮기시오.

В уходя́щем году́ на́ша фи́рма откры́ла **четы́рнадцать** но́вых о́фисов, из них шесть в Санкт-Петербу́рге.

→

Се́мьдесят проце́нтов сельскохозя́йственной проду́кции явля́ется убы́точной.

→

Сего́дня у́тром температу́ра во́здуха опусти́лась до **шестна́дцати** гра́дусов.

→

IX. 대명사의 정자법

33. 대명사

대명사는 명사, 형용사, 수사를 대신하여 그것들의 의미를 개괄적으로 나타낸다. 따라서 대명사는 명사적 대명사, 형용사적 대명사, 수사적 대명사로 나눌 수 있다.

인칭대명사	я, ты, он, она́, оно́, мы, вы, они́
재귀대명사	себя́
의문대명사	кто? что? како́й? чей? кото́рый? ско́лько?
관계대명사	кто, что, како́й, чей, кото́рый, ско́лько, како́в
부정(否定)대명사	никто́, ничто́, не́кого, не́чего, никако́й, ниче́й, не́сколько
소유대명사	мой, твой, ваш, наш, свой, его́, её, их
지시대명사	тот, э́тот, тако́й, тако́в, сто́лько, сей
정대명사	весь, вся́кий, ка́ждый, сам, любо́й, ино́й
부정(不定)대명사	не́кто, не́что, не́который, ко́е-кто, како́й-нибудь

34. 부정(不定)대명사의 정자법

직접 결합	не + 대명사	не́кто, не́что, не́который, не́сколько
하이픈으로 결합	1) 접두사 кое-, 2) 접미사 -то, -либо, -ибудь	ко́е-кто, ко́е-что, ко́е-как, ко́е-какой кто́-то, что́-то, кто́-либо, что́-либо, кто́-нибудь, како́й-нибудь

▌연습문제▐ 다음 러시아어 문장들을 한국어로 옮기시오.

У э́той исто́рии случи́лся счастли́вый коне́ц: **не́кто** на́нял а́втора публика́ции на рабо́ту.

→

Че́рез **не́сколько** часо́в ему́ ста́ло лу́чше и он верну́лся на рабо́ту.

→

Вдруг **кто́-то** подошёл к маши́не и постуча́л в окно́.

→

Руководи́тель гру́ппы закры́лся в но́мере и отка́зывался **что́-либо** объясня́ть.

→

Скажи́ мне **кто́-нибудь** ещё полго́да наза́д об э́том – я бы не пове́рил.

→

35. 부정(不定)대명사의 부정소사 не, 소사 ни의 정자법

역점이 있을 때는 не	не́кто, не́чего, не́чему, не́кому, не́зачем
역점이 없을 때는 ни	никто́, ничего́, ничему́, никому́, ниче́й
전치사가 없을 때는 직접 결합	не́кем, никого́, не́чем, ничто́, никаки́х
전치사가 있을 때는 독립!	не с кем, ни у кого́, не о чём, ни за что́ (그 사이에 전치사가 들어감)

| 예외 | не кто ино́й, как; не что ино́е, как

| 연습문제 | 다음 러시아어 문장들을 한국어로 옮기시오.

Не́зачем откла́дывать на за́втра то, что мо́жешь сде́лать сего́дня.

→

Относи́тельно его́ бу́дущего пока́ **ничего́** не я́сно.

→

Как не ошиби́ться, при́няв за любо́вь **не́что** ино́е, любо́вью не явля́ющееся?

→

Практи́чески **ни у кого́** из них не бы́ло докуме́нтов, удостоверя́ющих ли́чность.

→

Не кто ино́й, как он мог спра́виться с э́той зада́чей в кратча́йшие сро́ки.

→

X. 동사의 정자법

36. 동사

사람과 사물의 동작이나 자연의 과정을 나타내는 품사로서 인칭, 시제, 상, 법 및 태의 형태를 갖고 있다. 이외에도 동사에는 미정형, 형동사, 부동사의 형태가 있다.

37. 동사 변화

✽동사의 활용방식은 미정형의 형식에 따라 결정됨

2식 변화	1식 변화
-ить로 끝나는 동사 (오른쪽의 3가지를 제외한 모든 동사)	бри́ть, стели́ть, зи́ждиться
-еть로 끝나는 7가지 2식 변화 동사: смотре́ть, ви́деть, ненави́деть, терпе́ть, оби́деть, верте́ть, зави́сеть	-еть로 끝나는 동사 (왼쪽의 7가지를 제외한 것)
-ать로 끝나는 4가지 2식 변화 동사: гнать, держа́ть, слы́шать, дыша́ть	-ать로 끝나는 동사 (왼쪽의 4가지를 제외한 것)
	-оть, -уть, -ть로 끝나는 동사 등

38. 동사의 현재 변화

인칭 \ 동사 변화	1식 변화		2식 변화	
	단수	복수	단수	복수
1인칭	-у (-ю) слу́шаю	-ем слу́шаем	-у (-ю) стро́ю	-им стро́им
2인칭	-ешь слу́шаешь	-ете слу́шаете	-ишь стро́ишь	-ите стро́ите
3인칭	-ет слу́шает	-ут(-ют) слу́шают	-ит стро́ит	-ат (-ят) стро́ят

39. 특수변화 동사

победи́ть 동사는 1인칭 단수형을 갖지 않음	—— победи́шь победи́т	победи́м победи́те победя́т
불규칙 변화 동사 хоте́ть, бежа́ть, бре́зжить	хочу́, хо́чет, хо́чешь - 1식 변화; хоти́м, хоти́те, хотя́т - 2식 변화 бегу́, бегу́т - 1식 변화; бежи́шь, бежи́т, бежи́м, бежи́те - 2식 변화 бре́зжут - 1식 변화; бре́зжит - 2식 변화	

연습문제 다음 러시아어 문장들을 한국어로 옮기시오.

В э́тот раз **я одержу́ побе́ду**, несмотря́ ни на что.

→

В э́том году́ на́ша кома́нда обяза́тельно **победи́т** в чемпиона́те Коре́и по футбо́лу.

→

Ско́ро на экра́ны вы́йдет но́вая интеракти́вная игра́, со́зданная на осно́ве телеигры́ <Кто **хо́чет** стать миллионе́ром>.

→

Е́сли мы **хоти́м** доби́ться серьёзного результа́та, то ну́жно основа́тельно подгото́виться.

→

«Почему́ вы ве́чно куда́-то **бежи́те**?»– спроси́ла она́ у меня́.

→

В результа́те кри́зиса инве́сторы и банки́ры **бегу́т** из страны́, спаса́я свои́ инвести́ции.

→

Сла́бо **бре́зжут** звёзды на не́бе.

→

В кроме́шной мгле чуть **бре́зжит** ту́склый свет.

→

40. 동사에서 연음부호 ь의 사용

미정형 동사에서	мыть - мы́ться, бере́чь - бере́чься
2인칭 단수 어미에서	ра́дуешь - ра́дуешься, купа́ешь - купа́ешься
명령법의 자음 뒤에서	взвесь - взве́сьте, испра́вь - испра́вьте ❙예외❙ ляг - ля́гте
재귀소사에서	верни́сь, верни́тесь, верну́лись, учи́сь, скры́лись

❙연습문제❙ 다음 러시아어 문장들을 한국어로 옮기시오.

Начина́ть **мыть** посу́ду ну́жно с ме́нее загрязнённой, наприме́р, с ча́йных ло́жек и блю́дец.

→

“Пе́тя, скажи́ нам, пожа́луйста, когда́ ты **ра́дуешься**?”- спроси́ла учи́тельница.

→

Взве́сьте все «да» и «нет» пе́ред тем, как создава́ть свою́ фи́рму.

→

Ля́гте на спи́ну и согни́те но́ги в коле́нях.

→

На́йден автомоби́ль, на кото́ром **скры́лись** престу́пники, огра́бившие банк.

→

41. 동사에서 역점이 없는 접미사 –ова– (–ева–), –ыва– (–ива–)의 모음

-ова- (-ева-)	1인칭 단수 현재와 미래의 접미사는 -ую (-юю)	бесе́дую - бесе́довать - бесе́довал; по́тчую - по́тчевать - по́тчевал; вою́ю - воева́ть - воева́л; заве́дую - заве́довать - заве́довал
-ива- (-ыва-)	1인칭 단수 현재와 미래의 접미사는 -ываю (-иваю)	наста́иваю - наста́ивать - наста́ивал; разгля́дываю - разгля́дывать - разгля́дывал; опа́здываю - опа́здывать - опа́здывал

▌연습문제▐ 다음 러시아어 문장들을 한국어로 옮기시오.

Он гото́в был часа́ми **бесе́довать** с ним, соверше́нно забыва́я обо всём.

→

Я ли́чно **бесе́дую** с кандида́тами по телефо́ну в тече́ние тридцати́ мину́т.

→

Кто бу́дет **заве́довать** спорти́вным кана́лом, определи́т ко́нкурс.

→

Я **заве́дую** компью́терным отде́лом Центра́льной библиоте́ки.

→

Мы должны́ **наста́ивать** на твёрдых гара́нтиях безопа́сности.

→

“Я категори́чески **наста́иваю** на разво́де”, - заяви́л в суде́ отчая́вшийся исте́ц.

→

Из-за ава́рии на одно́м из уча́стков желе́зной доро́ги в Петербу́рг продолжа́ют **опа́здывать** два по́езда.

→

Ка́ждый день я **опа́здываю** на рабо́ту на полчаса́, иногда́ да́же бо́льше.

→

XI. 형동사의 정자법

42. 동사의 특수형태로서의 형동사

какóй? какáя? какóе? какúе?	
형용사의 특징	동사의 특징
대상의 특성을 나타낸다. 수식되는 명사의 성, 수, 격과 일치함	타동사와 자동사, 완료상과 불완료상, 현재시제와 과거시제

43. 형동사의 변화 (형용사와 비교시 동일하게 어미 변화함)

어미변화 / 격	형용사 + 명사의 어미변화	형동사 + 명사의 어미변화
주격	хорóший мáльчик	читáющий мáльчик
생격	хорóшего мáльчика	читáющего мáльчика
여격	хорóшему мáльчику	читáющему мáльчику
대격	хорóшего мáльчика	читáющего мáльчика
조격	хорóшим мáльчиком	читáющим мáльчиком
전치격	(о) хорóшем мáльчике	(о) читáющем мáльчике

44. 능동형동사와 피동형동사

능동형동사는 어떤 대상으로 하여금 '행위'를 직접 하게 하는 특성을 지님	Со́лнце, нагрева́ющее зе́млю.
피동형동사는 어떤 대상에 의해 발생되는 '행위'를 겪는 대상의 특성을 나타냄	Земля́, нагрева́емая со́лнцем

45. 형동사에서 접미사의 모음

*능동형동사 현재형 접미사 -ущ- (-ющ-), -ащ- (-ящ-)

불완료상 동사 현재어간 +능동형동사 현재형 접미사 -ущ- (-ющ-), -ащ- (-ящ-)	-ущ-(-ющ-) 1식 변화	пла́кать (미정형 동사) → пла́чут (불완료상 동사 현재어간) + -ущ- → пла́чущий
	-ащ- (-ящ-) 2식 변화	люби́ть (미정형 동사) → лю́бят (불완료상 동사 현재어간) + -ящ- → лю́бящий

▌연습문제▐ 다음 러시아어 문장들을 한국어로 옮기시오.

Стихотворе́ние <**Пла́чущий** сад> Бори́с Пастерна́к написа́л в 1917-ом году́.

→

В ли́чном обще́нии он раскры́лся в пе́рвую о́чередь как о́чень ве́рующий челове́к, и́скренне **лю́бящий** и **понима́ющий** ру́сский наро́д.

→

✽능동형동사 과거형 접미사 -вш-, -ш-

미정형 동사의 어간 + 능동형동사 과거형 접미사 -вш-, -ш-	-вш- (모음으로 끝나는 어간을 가진 동사로부터)	вы́держать+ -вш- → вы́державший уви́деть + -вш- → уви́девший
	-ш- (-ти, -чь 동사의 남성 과거 어간이 능동형동사 과거 어간이 됨)	нёс + -ш- → нёсший, увлёк + -ш- → увлёкший

▌연습문제▐ 다음 러시아어 문장들을 한국어로 옮기시오.

А́вторы <Эконо́микс> - одного́ из са́мых популя́рных в ми́ре учéбников, **вы́державшего** ужé 16 изда́ний, со́здали но́вый, сокращённый вариа́нт.

→

Из-за поворо́та показа́лся незнако́мец срёднего ро́ста с лёгкостью **нёсший** двумя́ рука́ми огро́мную ты́кву.

→

✽피동형동사 현재형 접미사 -ем-, -им-

1) 불완료상 동사 현재시제의 어간에 피동형동사 현재형 접미사 -ем-이나 -им-을 붙이거나, 2) 타동사 불완료상 동사 현재형 1인칭 복수 형태를 붙여서 만듦	1식 변화 -ем-	читáть (미정형 동사) - чита (불완료상 동사 현재시제 어간) + -ем- → читáемый
	2식 변화 -им-	люби́ть (미정형 동사) - лю́бит (불완료상 동사 현재시제 어간) + -им- → люби́мый

❙예외❙ дви́жимый (현대 러시아 문법의 영향을 받지 않는 고어임)

❙연습문제❙ 다음 러시아어 문장들을 한국어로 옮기시오.

Чтобы́ блог был бо́лее **чита́емым** ну́жно, во-пе́рвых интере́сный конте́нт, во-вторы́х определи́ться с те́мой, а та́кже сти́лем написа́ния.

→

Приглаша́ем Вас приня́ть уча́стие в увлека́тельном тво́рческом прое́кте, напра́вленном на представле́ние своего́ **люби́мого** писа́теля и́ли поэ́та.

→

Дви́жимый любопы́тством он приоткры́л дверь и загляну́л в ко́мнату.

→

✽피동형동사 과거형 접미사 -анн-, -янн-, -енн-

<table>
<tr><td rowspan="3">1) 주로 타동사 완료체 과거형 어간이나,

2) 미정형 동사의 어간에 피동형 동사 과거형 접미사 -анн-, -янн-, -енн-, -ённ-, -т- 등을 붙여 만듦</td><td>-ать, -ять로 끝나는 동사의 경우는 미정형 동사의 어간에 (-а)нн-이나 (-я)нн-을 붙여서 만듦</td><td>указáть(미정형 동사) - указа(미정형 동사의 어간) + -нн- → укáзанный,

затéять (미정형 동사) - затея(미정형 동사의 어간) + -нн- → затéянный</td></tr>
<tr><td>-еть, -ти, -чь로 끝나는 동사의 경우는 미정형 동사의 어간이나 동사의 과거어간에 -енн-이나 -ённ-을 붙여서 만듦(동사 과거 남성형이 -л을 갖지 않은 경우)

【예외】 -ить로 끝나는 동사의 경우는 동사의 과거어간이나 미정형 동사의 어간인 изрaни에서 и를 뺀 후 -енн-을 붙여서 만듦</td><td>ви́деть(미정형 동사) - виде(미정형 동사의 어간) + -енн- → ви́денный,

вы́везти(미정형 동사) - вывез(미정형 동사의 어간) + -енн- → вы́везенный,

извлéчь(미정형 동사) - извлеч(미정형 동사의 어간) + -ённ- → извлечённый

изрáнить(미정형 동사) - изран(израни에서 и를 뺀 후) + -енн- → изрáненный</td></tr>
<tr><td>피동형동사 과거형 접미사 -т-의 것은 소수인데, -нять, -нуть, -ыть, -ти, -чь, -оть, -ереть 등으로 끝나는 동사의 경우는 미정형 동사의 어간이나 동사의 과거어간에 -т-를 붙여서 만듦 (동사 과거 남성형이 -л을 갖지 않은 경우)</td><td>уня́ть(미정형 동사) - уня(미정형 동사의 어간) + → уня́тый,

трóнуть(미정형 동사) - трону(미정형 동사의 어간) + -т- → трóнутый,

мыть(미정형 동사) - мы(미정형 동사의 어간) + -т- → мы́тый</td></tr>
</table>

▌연습문제▐ 다음 러시아어 문장들을 한국어로 옮기시오.

Набра́в **ука́занный** но́мер телефо́на, Вы мо́жете получи́ть спра́вки по любы́м вопро́сам.

→

Вчера́ мы с прия́телями ходи́ли в кино́ и э́то был лу́чший мю́зикл, **ви́денный** мно́ю когда́-либо.

→

«Ленингра́д» – э́то пе́рвый фильм о блока́де, **сня́тый** в совреме́нной Росси́и.

→

46. 동사에서 파생된 형용사와 형동사의 접미사 -н-, -нн-

-н-	1) 접두사가 없을 때 (не-는 제외); 2) -ова- (-ева-) 접미사가 없을 때; 3) 설명하는 단어가 없을 때	кра́шеный пол, ра́неный бое́ц
	❙예외❙ ме́дленный, жела́нный, свяще́нный, неслы́ханный, нежда́нный 등	
	피동형동사 단어미	бое́ц ра́нен, дикта́нт напи́сан

❙연습문제❙ 다음 러시아어 문장들을 한국어로 옮기시오.

Счита́ется, что **кра́шеная** блонди́нка, как пра́вило, гора́здо бо́лее све́тлая, чем натура́льная, а э́то бо́льше привлека́ет мужчи́н.

→

Появле́ние но́вой моде́ли от компа́нии <Хёндэ> вы́звало **неслы́ханный** резона́нс и прошло́ в чрезвыча́йно эффе́ктной атмосфе́ре.

→

Сло́во за́ слово, бу́ква за бу́квой, запята́я за запято́й – и **дикта́нт напи́сан**.

→

-нн-	접두사가 있을 때	накра́шенный, погла́женный, пора́ненный, сло́манный
	❙예외❙ смышлённый, поса́женый, на́званый	
	설명하는 단어가 있을 때	кра́шенный и́ми пол; ра́ненный пу́лей бое́ц
	-ованный (-еванный)가 들어간 단어에서	марино́ванный, аресто́ванный, бало́ванный
	❙예외❙ жёваный, ко́ваный	
	완료상 동사에서 만들 때	ку́пленный, решённый

❙연습문제❙ 다음 러시아어 문장들을 한국어로 옮기시오.

Неподалёку от фурго́на мельтеши́лась ма́ленькая, я́рко **накра́шенная** же́нщина – не отрыва́ясь она́ смотре́ла на две́ри суда́.

→

Очень весёлый, **смышлёный** и воспи́танный пёс – в туалёт и на у́лицу про́сится сам.

→

Во вре́мя бо́я был смерте́льно **ра́нен** разрывно́й пу́лей бое́ц Ивано́в.

→

Он был я́вно **бало́ванный** слуга́ лени́вого ба́рина — не́что вро́де ру́сского Фи́гаро.

→

В бава́рских дере́внях сохрани́лся стари́нный обы́чай дава́ть младе́нцам вме́сто со́ски **жёваный** ржано́й мя́киш, смо́ченный в пи́ве.

→

На все това́ры, **ку́пленные** в на́шей компа́нии, предоставля́ется гара́нтия фи́рмы-производи́теля.

→

47. 동사에서 파생된 형동사와 형용사의 접미사 -н-, -нн- 앞의 모음

동사에서 파생된 형용사의 접미사 -н-, -нн- 앞의 모음이 а, я인 경우	-ать, -ять 동사의 경우 -анн- (-янн-)	задержа́ть → заде́ржанный, потеря́ть → поте́рянный
형동사와 동사에서 파생된 형용사의 접미사 -н-, -нн- 앞의 모음이 е인 경우	-еть, -ить 동사의 경우 -енн-	просмотре́ть → просмо́тренный купи́ть → ку́пленный

▌연습문제▐ 다음 러시아어 문장들을 한국어로 옮기시오.

Самолёт, **заде́ржанный** на пять часо́в из-за плохи́х пого́дных усло́вий, вы́летел из аэропо́рта го́рода Москвы́.

→

Она́ подели́лась свои́ми впечатле́ниями от после́днего **просмо́тренного** фи́льма.

→

XII. 부동사의 정자법

48. 동사의 특수형태로서의 부동사

*Что де́лая? Что сде́лав?

동사의 특징	부동사의 특징
완료상과 불완료상, 타동사와 자동사, 종속어를 지배함	무변화, '일치'하지도, '지배'받지도 않음, 문장에서 주로 '상황어' 역할을 함

49. 불완료상 부동사 –а (–я)

불완료상 동사 현재시제 3인칭 복수 어간 + -а (-я)	-а (-я)	Что де́лая?
		сверка́ют → сверка́я, гремя́т → гремя́, стуча́т → стуча́, игра́ют → игра́я

| 연습문제 | 다음 러시아어 문장들을 한국어로 옮기시오.

Белосне́жная ёлочка наря́дна при све́те дня, а в темноте́ про́сто поража́ет свои́м великоле́пием, **сверка́я** и перелива́ясь разноцве́тными отте́нками.

→

Игра́я, де́ти у́чатся сра́внивать предме́ты и живо́тных по длине́, ширине́ и высоте́.

→

✻불완료상 부동사를 만들지 못하는 동사

자음으로만 구성된 어간을 가진 동사	шьют, льют, жмут, ткут
г, к로 끝나는 어간을 가진 동사	бегу́т, теку́т
현재형 어간이 '쉬음'으로 끝나고, 미정형 어간이 з, с, ст, х로 끝나는 동사	ма́зать → ма́жут

▌연습문제▐ 다음 러시아어 문장들을 한국어로 옮기시오.

Для ка́ждого ко́нкурсного выступле́ния танцо́ры, как пра́вило, **шьют** но́вый костю́м.

→

По после́дним да́нным США и Евро́па **бегу́т** от кризи́са в виртуа́льные миры́: прода́жи компью́терных игр расту́т.

→

По́сле опера́ций, что́бы швы быстре́е исчеза́ли и зажива́ли, их **ма́жут** специа́льными ма́зями.

→

50. 완료상 부동사 -в, -вши, -ши, -а, -я

1) 완료상 동사의 미정형 어간이나, 2) 과거형 어간에 + -в, -вши, -ши, -а, -я	-в (-вши), -ши(과거 남성형이 -л을 갖지 않은 경우) 미래형 3인칭 복수 어간에 -а(상악음 뒤에서), -я를 붙임(идти에서 파생한 완료상 동사가 많음)	прогуля́ть → прогуля́в, получи́ть → получи́в, возврати́ться → возврати́вшись, исте́чь → исте́кши (미정형 어간이 -ч로 끝난 경우, 완료 부동사에서 -к로 자음이 교체됨), промо́к → промо́кши, уви́дят → уви́дя услы́шат → услы́ша

▌연습문제▐ 다음 러시아어 문장들을 한국어로 옮기시오.

Не **получи́в** возмо́жности вы́купа аренду́емых помеще́ний, предпринима́тели начина́ют продава́ть свой би́знес.

→

Возврати́вшись на Зе́млю, Ю́рий Гага́рин буква́льно за оди́н день надо́лго стал са́мым популя́рным челове́ком в ми́ре.

→

XIII. 부사의 정자법

51. 부사

부사란 사물의 동작, 상태, 성질의 특정을 규정하는 독립된 불변화어로서 동사, 형용사, 부사에 대한 상황어(때로는 명사에 대한 정어)가 된다. 무인칭 문장에서 술어 역할을 하고, 사람 또는 자연의 상태, 동작의 가능, 불가능, 필요 적시성 등을 나타내는 불변화어를 '술어부사'라 한다.

질문	종류	예
Как? Каки́м о́бразом?	동작의 양태	бы́стро, ме́дленно, про́чно, хорошо́, по-хоро́шему, вслух, наизу́сть, пешко́м, ника́к
Когда́? С каки́х пор? До каки́х пор? Как до́лго?	시간	сего́дня, за́втра, у́тром, ско́ро, тепе́рь, давни́м-давно́, зимо́й
Где? Куда́? Отку́да?	장소	вверху́, внизу́, спра́ва, сле́ва, везде́, и́здали, вблизи́, позади́
Почему́? Отчего́?	이유, 원인	сгоряча́, со́слепу, со зла, спроста́, понево́ле, потому́, по́этому
Заче́м? С како́й це́лью? Для чего́?	목적	наро́чно, назло́, не́зачем, зате́м, заче́м
Ско́лько? Во ско́лько? Наско́лько? В како́й ме́ре? В како́й сте́пени?	수량 및 정도	о́чень, вдо́воль, весьма́, сли́шком, до́сыта, вполне́, едва́-едва́, почти́, два́жды

52. 부사의 비교급과 최상급

비교급	단일식	-ee (-ей), -е, -ше	интере́сно → интере́снее чи́сто → чи́ще хорошо́ → лу́чше
	합성식	부사 + бо́лее/ ме́нее	бо́лее интере́сно ме́нее интере́сно
최상급	всех + 비교급		всех умне́е, всех вы́ше, всех да́льше

▌연습문제▐ 다음 러시아어 문장들을 한국어로 옮기시오.

Переда́ча мо́жет стать ещё **интере́снее**, е́сли регуля́рно подде́рживать обра́тную связь со зри́телями.

→

В лёгкой атле́тике преодолева́ть себя́ самого́ не **ме́нее интере́сно**, чем сопе́рников.

→

Вы когда́-нибудь задава́лись вопро́сом: кто на све́те **всех умне́е**?

→

53. 부사 어미에서 모음 정자법

부사의 접미사가 '쉬음'으로 끝날 경우의 -o나 -e	역점이 있을 때 o	горячó, свежó, хорошó
	역점이 없을 때 e	неуклю́же, вызыва́юще, недоумева́юще
	▌예외▌ ещё	
부사 어미에서 -o나 -e	경자음 뒤의 -o	до́лго, высоко́, незаме́тно
	연자음 뒤의 -e	и́скренне, вна́чале, невдалеке́
부사 어미에서 -o, -a, -я	из-, до-, с- 접두사가 있을 때 -a나 -я	и́зредка, до́суха, сле́ва, до́сыта, сно́ва, до́нельзя
	в-, на-, за- 접두사가 있을 때 -o	вле́во, за́светло, напра́во, за́ново, на́крепко

▌연습문제▌ 다음 러시아어 문장들을 한국어로 옮기시오.

Пан Ги Мун **горячó** приветствова́л беспреце́дентную ще́дрость Са́удовской Ара́вии.

→

Внима́тельно разгля́дывая прие́зжего, он сиде́л в своём углу́ и **недоумева́юще** морга́л глаза́ми.

→

Аналити́ческие иссле́дования уже́ констати́руют сниже́ние те́мпов ро́ста на моби́льном ры́нке и прогнози́руют **ещё** бо́льший спад.

→

Что́бы **до́лго** жить, на́до вести́ здоро́вый о́браз жи́зни, не кури́ть, не пить, занима́ться спо́ртом и, гла́вное, не не́рвничать.

→

Наско́лько **и́скренне** мы мо́жем пора́доваться сча́стью други́х люде́й?

→

Вла́жный ветеро́к **и́зредка** набега́ет лёгкой волно́й.

→

Он был почти́ на го́лову вы́ше толпы́, - в карту́зе на у́хо и **доне́льзя** рва́ном пиджаке́ внаки́дку.

→

54. 부사 어미에서의 연음부호 ь

주로 '쉬음'으로 끝나는 부사 뒤에 연음부호 ь를 붙임	прочь, вскачь, невмо́чь, нао́тмашь, на́стежь

예외 уж, за́муж, невтерпе́ж

연습문제 다음 러시아어 문장들을 한국어로 옮기시오.

Он вы́брался на шоссе́ и, задыха́ясь, побежа́л **прочь** от э́того ме́ста.

→

Выхвати́в у Со́ни бума́жку, она́ ско́мкала её в рука́х и бро́сила **нао́тмашь** пря́мо в лицо́.

→

На́стежь отворе́нные воро́та вели́ на чи́стый двор, с дере́вьями, к широ́кому чи́стому крыльцу́.

→

Она́ вы́шла **за́муж** за о́чень любе́зного молодо́го челове́ка.

→

55. 형용사에서 –o (–e)로 끝나는 부사로의 전환

형용사에서 -н- 인 경우	чуде́сный → чуде́сно, беспе́чный → беспе́чно
형용사에서 -нн- 인 경우	рассе́янный → рассе́янно, испу́ганное → испу́ганно

▌연습문제▐ 다음 러시아어 문장들을 한국어로 옮기시오.

Бы́ло ти́хо, тепло́, и **чуде́сно** па́хло се́ном.

→

Неговоря́ ни сло́ва, усе́лась в уголке́ дива́на и ста́ла **рассе́янно** перели́стывать кни́жку.

→

56. 부정부사

не에 역점이 있을 때	не́когда, не́где, не́куда, не́откуда, не́зачем
ни에 역점이 없을 때	никогда́, нигде́, никуда́, ника́к, ниско́лько

▌연습문제▐ 다음 러시아어 문장들을 한국어로 옮기시오.

Не́когда занима́ться пустяка́ми.

→

Зимо́й **не́где** бы́ло игра́ть.

→

Никогда́ не занима́лся пустяка́ми.

→

Де́ти **нигде́** не игра́ли.

→

57. 하이픈으로 결합된 부사

접두사 по-와 결합하여 -ому, -ему, -ки, -ьи 형태를 취하는 부사	по-друго́му, по-мо́ему, по-дру́жески, по-англи́йски, по-во́лчьи
▌예외▌ потому́, поэ́тому, почему́, посему́	
접두사 во- (в-)를 갖는 순서수사에서 파생된 부사	во-пе́рвых, во-вторы́х, в-тре́тьих, в-четвёртых, в-седьмы́х
부사와 소사 -то, -либо, -нибудь, -таки, -кое-	что-то, где́-либо, как-нибу́дь, всё-таки, ко́е-кто
동일어근이나 동의어 반복으로 형성된 부사	е́ле-е́ле, точь-в-точь, чуть-чуть, как-ника́к, подобру́-поздоро́ву, едва́-едва́, ху́до-бе́дно, с бу́хты-бара́хты

▌연습문제▌ 다음 러시아어 문장들을 한국어로 옮기시오.

Иннова́ции – это свобо́да мы́слить и де́йствовать **по-друго́му**.

→

Мы должны́ **по-дружéски** относи́ться к мусульма́нским и иуде́йским меньши́нствам в свои́х стра́нах.

→

Все ча́сти во́дных расте́ний как бы пропи́таны во́здухом, а **потому́** спосо́бны держа́ться на воде́.

→

Во-пе́рвых, э́то, не про́сто приобрете́ние отли́чного жилья́, но и превосхо́дное вложе́ние де́нег.

→

У себя́ на да́че он чу́вствовал себя́ о́чень комфо́ртно - комфо́ртнее, **чем где́-либо**.

→

Миф о том, что Галиле́й произнёс "И **всё-таки** она́ ве́ртится!" был со́здан в 1757 году́.

→

Тут гром как гря́нул, а у него́ **е́ле-е́ле** душа́ в те́ле.

→

Медве́дь испуга́лся и ушёл **подобру́-поздоро́ву**.

→

58. 직접 결합된 부사

전치사-접두사 + 부사	за́просто, навсегда́, послеза́втра, извне́, доне́льзя
접두사 в, на + 집합수사	на́двое, вдво́е, втроём ▌예외▌ по дво́е, по тро́е
접두사 + 대명사, 모음으로 시작되지 않는 장어미형 형용사	вничью́, впро́чем, зачасту́ю, вручну́ю, вчисту́ю, вслепу́ю, вплотну́ю, вовсю́
접두어 + 단어미형 형용사	до́суха, на́бело, вле́во, задо́лго, на́мертво, и́здавна, по́пусту, неподалёку, подо́лгу
접두사와 명사 사이에 수식어를 끼워 넣을 수 없는 '접두사 + 명사'의 결합	вброд, вво́лю, вмиг, вразре́з, исподтишка́, наотре́з, наперебо́й, напроло́м, понево́ле

▌연습문제▌ 다음 러시아어 문장들을 한국어로 옮기시오.

Ей бы́ло ле́стно, что она́ мо́жет так **за́просто** сде́лать друго́го челове́ка счастли́вым.

→

Ско́ро доро́га раздели́лась **на́двое.**

→

Экипа́жи проведу́т в лесу́ **по дво́е** су́ток, име́я при себе́ то́лько носи́мый авари́йный запа́с космона́втов.

→

Вот мой сове́т, **впро́чем**, как хоти́те.

→

Он бри́лся, стоя́ у окна́, как всегда́, **вслепу́ю**, нао́щупь, без зе́ркала.

→

Он шёл по льду, и ему́ каза́лось, что ледяна́я броня́ надёжно, **на́мертво** соедини́ла о́ба бе́рега.

→

Он был не тако́й челове́к, что́бы броса́ть де́ньги **по́пусту**.

→

Престу́пники бы́ли **вмиг** разоружены́, они́ и не пыта́лись сопротивля́ться.

→

Он то **наотре́з** отрица́л свою́ вину́, то упо́рно отма́лчивался.

→

59. 분리된 부사

명사가 격변화형을 유지하는 경우	на ко́рточки (на ко́рточках); за грани́цу (за грани́цей); в насме́шку (с насме́шкой) ▌예외▌ наизна́нку (с изна́нки), поодино́чке (в одино́чку), на́спех (не к спе́ху)
전치사와 명사 사이에 수식어를 삽입할 수 있는 경우	в ме́ру (в по́лную ме́ру), на скаку́ (на полном скаку́), до сме́рти (до са́мой сме́рти)
전치사 в + 모음으로 시작되는 명사, 형용사	в обни́мку, в упо́р, в уда́ре, в обме́н, в обре́з, в обхва́т, в откры́тую
전치사 в, на + 복수명사	на днях, на ра́достях, в потёмках, в нога́х, в голова́х
명사의 의미가 비유적으로 사용되는 경우	в пух и прах, в сердца́х (в гне́ве), руга́ть за глаза́ (зао́чно)

▌연습문제▌ 다음 러시아어 문장들을 한국어로 옮기시오.

Услы́шав о траге́дии, он закры́л лицо́ и ме́дленно опусти́лся **на ко́рточки**.

→

Солда́ты ста́ли перебега́ть по дво́е и **поодино́чке** до сле́дующей кана́вы.

→

Како́е сча́стье, что на све́те есть тако́й краси́вый, у́мный, **в ме́ру** упи́танный и хра́брый челове́чек, лу́чший в ми́ре Ка́рлсон!

→

Госуда́рство плани́рует предоста́вить фина́нсовую по́мощь предприя́тиям **в обме́н** на а́кции.

→

На ра́достях от тако́й нахо́дки у гла́вного геро́я вы́ступили слёзы на глаза́х.

→

Россия́не **в пух и прах** разби́ли фи́ннов и тепе́рь сыгра́ют со шве́дами в полуфина́ле турни́ра.

→

XIV. 부정소사(否定小詞) не와 소사(小詞) ни의 정자법

부정소사(否定小詞) не는 다음에 오는 단어나 구를 부정하여, '~이 아닌'이나 '-아닌' 등의 부정의 뜻을 나타내며, 소사(小詞) ни는 부정문에서 명사 앞에 위치하며, '~도 하지 않다'나 '아무것도 ~없다' 등과 같은 부정의 뜻을 강화한다.

60. 부정소사 не의 정자법1 (명사와 결합할 때)

명사와 결합된 부정소사 не	не 없이 통용되지 않는 경우	невéжда, небыли́цы, невéрие
	반대말을 만들 때	нéдруг (враг), несчáстье (бедá), неприя́тель (проти́вник), непрáвда (ложь)
명사와 분리된 부정소사 не	반대되는 대상을 대비시키거나 암시할 때	не прáвда, а ложь; не друг, а враг; не счáстье, а гóре

❙ 기억하세요! ❙

부정소사 не 없이는 통용되지 않는 경우	небрéжность, негóдник, нéдоросль, незнáйка, ненáстье, нехвáтка, невзгóда, недовéс, недотéпа, нéистовство, неря́ха, невели́чка, невóльник, недодéлка, нелéпица, неуря́дица

▎연습문제▐ 다음 러시아어 문장들을 한국어로 옮기시오.

Неве́жда он был кру́глый, ничего́ не чита́л.

→

Не́друг подда́кивает, а друг спо́рит.

→

Хотя́ моби́льный телефо́н — э́то поле́зное сре́дство в обще́нии и би́знесе, для мно́гих он скоре́е **не друг, а враг**.

→

Нена́стье продержа́лось с неде́лю, а зате́м сно́ва верну́лось тепло́.

→

Он не рвал на себе́ воло́с, не крича́л, не приходи́л в **неи́стовство** им овладе́ло немо́е, холо́дное отча́яние.

→

Она́ бормота́ла каку́ю-то **нele̗пицу**, помину́тно прикла́дывая ру́ку к се́рдцу.

→

61. 부정소사 не의 정자법2 (형용사와 결합할 때)

형용사와 결합된 부정소사 не	не 없이는 통용되지 않는 경우	нена́стный, ненави́димый, небре́жный, невзра́чный
	반대말을 만들 때	небольшо́й (ма́ленький); неплохо́й (хоро́ший); нежена́тый (холосто́й)
형용사와 분리된 부정소사 не	반대되는 대상을 대비시키거나 암시할 때	пробле́ма не проста́я, а сло́жная; не большо́й, а ма́ленький; не плохо́й, а хоро́ший; взгляд не до́брый; Река́ ме́лкая? Река́ не ме́лкая
	반대의 뜻이 암시되고, 부정의 의미가 부정대명사와 부정부사에 의해 강화될 때	отню́дь не ве́рное; ниско́лько не ра́достное

▌연습문제▐ 다음 러시아어 문장들을 한국어로 옮기시오.

Он ника́к не мог поми́риться с кро́хотным свои́м ро́стом, со всей свое́й **невзра́чной** фигу́ркой.

→

До желе́зной доро́ги остава́лось киломе́тра два, но э́то **небольшо́е** расстоя́ние дало́сь трудне́е двадцати́ в нача́ле путеше́ствия.

→

Это **проблéма не простáя, а слóжная** и поэ́тому трéбует взвéшенного подхóда.

→

Сáмой большóй неприя́тностью и тех и други́х, явля́ется **отню́дь не вéрное** мнéние о себé, филосóфии и своём мéсте в ней.

→

62. 부정소사 не의 정자법3 (수사와 결합할 때)

수사와 분리된 부정소사 не	не оди́н, не два, не тро́е, не шесты́е кла́ссы, не нулево́й меридиа́н

▌연습문제▐ 다음 러시아어 문장들을 한국어로 옮기시오.

Впереди́ альпини́стов **не два**, а це́лая череда́ круты́х скло́нов.

→

63. 부정소사 не의 정자법4 (대명사와 결합할 때)

대명사와 분리된 부정소사 не	не я и не ты, не себе́, не ка́ждый, живёт в не на́шем до́ме

▌연습문제▐ 다음 러시아어 문장들을 한국어로 옮기시오.

Свобо́да - э́то ро́скошь, кото́рую **не ка́ждый** мо́жет себе́ позво́лить.

→

64. 부정소사 не의 정자법5 (동사와 결합할 때)

동사와 결합된 부정소사 не	не 없이 통용되지 않는 경우	негодова́ть, невзлюби́ть, недоумева́ть, несдоброва́ть
	행위의 불완전성을 나타내는 접두사 недо- 와 결합할 때	недосоли́ть, недове́сить, недогляде́ть, недоеда́ть, недосыпа́ть, недослы́шать, недовари́ть ▌예외▌ постоя́нно недоеда́ли - не доеда́ли суп (접두사 до)
동사와 분리된 부정소사 не	그 밖의 경우	не брать, не отвеча́ть, не спеши́л, не лета́ть, не хо́чется, не хвата́ет

▌연습문제▌ 다음 러시아어 문장들을 한국어로 옮기시오.

Продолжа́я **недоумева́ть**, он постуча́л па́льцами по столу́, поду́мал и, встав, напра́вился в вы́ходу.

→

Рис в пирожка́х был **недова́рен.**

→

Таре́лку сле́дует наклоня́ть к себе́ и́ли от себя́, и́ли мо́жно **не доеда́ть суп**.

→

Существу́ющие сего́дня в ми́ре пенсио́нные схе́мы не рабо́тают, потому́ что **не отвеча́ют** реа́лиям XXI ве́ка.

→

65. 부정소사 не의 정자법6 (형동사와 결합할 때)

형동사와 결합된 부정소사 не	не 없이 통용되지 않는 경우	ненавиди́мый, негоду́ющий
	해당 형동사에 대비되는 단어나 제약어가 없는 경우: не는 형동사 장어미형과 결합함	непрочи́танная кни́га, непрове́ренная информа́ция, незаме́ченные ули́ки, непроду́манное реше́ние
형동사와 분리된 부정소사 не	단어미 형동사과 함께 쓰이는 경우	рабо́та не зако́нчена; цита́ты не прове́рены
	종속어나 대립어가 존재할 때	не прочи́танная мно́ю кни́га; не прочи́танная, а лишь просмо́тренная кни́га
	대명사, 부사에 의해 부정을 강조할 때	ниче́м не опра́вданный посту́пок; нике́м не подгото́вленный уро́к

▌연습문제▐ 다음 러시아어 문장들을 한국어로 옮기시오.

Тьма, прише́дшая со Средизе́много мо́ря, накры́ла **ненави́димый** прокура́тором го́род.

→

В его́ дома́шней библиоте́ке оста́лась всего́ одна́ **непрочи́танная кни́га**.

→

Мно́гие **цита́ты не прове́рены**, поэ́тому мы не мо́жем подтверди́ть достове́рность всех ука́занных све́дений

→

На столе́ лежа́ла не **прочи́танная мно́ю кни́га**.

→

Он соверши́л **ниче́м не опра́вданный посту́пок**.

→

66. 부정소사 не의 정자법7 (부동사와 결합할 때).

부동사와 결합된 부정소사 не	не 없이 통용되지 않는 경우	ненави́дя, негоду́я, недоумева́я
부동사와 분리된 부정소사 не	그 밖의 경우	не спеша́, не торопя́сь, не отвеча́я

▌연습문제▐ 다음 러시아어 문장들을 한국어로 옮기시오.

Мо́жно ли люби́ть свою́ ро́дину, **ненави́дя** её недоста́тки?

→

Он шёл **не торопя́сь**, прогу́лочным ша́гом, глазе́я по сторона́м и ни о чём не ду́мая.

→

67. 부정소사 не의 정자법8 (부사와 결합할 때)

부사와 결합된 부정소사 не	не 없이 통용되지 않는 경우	нелéпо, неизбéжно, недоумевáюще,
	부정(否定)부사에서	нéгде, нéкуда, неоткýда, нéзачем
	명사에서	невдалекé, невпопáд, невмоготý, невтерпёж
	상어에서	невéсть кто (что, какой, где, кудá)
	не와 결합해 '반대'의 뜻을 얻는, -о로 끝나는 부사와 결합할 때	неплóхо (хорошó), немнóго (мáло), неудáчно (плóхо), недалекó (блíзко), небогáто (бéдно), нечáсто (рéдко)
부사와 분리된 부정소사 не	상반되는 뜻을 지닌 대상을 대비시키거나 암시하고, -о로 끝나는 부사와 결합할 때	живýт не богáто, а бéдно; éхали не бы́стро и не мéдленно; не скóро ещё встрéтимся
	대명사나 강조부사와 결합할 때	не здесь, не совсéм, не так, не пóлностью, не вполнé
	부사 비교급과 함께	рабóтает не хýже другúх, закóнчить не рáньше обéда
	'부대상황'을 나타내는 부사와 결합할 때	не сегóдня, не инáче
	하이픈이 들어간 부사와 함께	не по-мóему, не по-дрýжески
	명사와 결합한 전치사구와 결합할 때	не в мéру, не к добрý, не к спéху, не в примéр, не по вкýсу, не с рукú

연습문제 다음 러시아어 문장들을 한국어로 옮기시오.

Больши́е кирпи́чные дома́ **неле́по** торча́ли среди́ изб и ма́леньких до́миков.

→

Не́куда дева́ться от жары́.

→

Она́ слу́шала меня́ рассе́янно и отвеча́ла **невпопа́д**.

→

Лю́ди, **неве́сть** как уцеле́вшие среди́ э́того урага́на взры́вов, продолжа́ли борьбу́.

→

Опера́ция прошла́ **неуда́чно** и пацие́нт протя́нет ма́ксимум год-полтора́.

→

В да́нном посёлке живу́т 17 семе́й, и **живу́т не бога́то**, **а** о́чень **бе́дно**.

→

Уще́рб для пострада́вших от урага́на был возмещён **не по́лностью**.

→

Скоре́е всего́, своё выступле́ние он **зако́нчит не ра́ньше** обе́да.

→

Почему́ всё происхо́дит и́менно так, а **не ина́че**?

→

Он посе́товал, что руково́дство компа́нии поступи́ло с ним совсе́м **не по-дру́жески**.

→

Короле́ва Великобрита́нии реши́ла отказа́ться от демонстра́ции **не в ме́ру** дорого́й оде́жды.

→

68. 부정소사 не의 정자법9 (보조어와 결합할 때)

보조어와 결합된 부정소사 не	전치사와 결합시	несмотря́ на, невзира́я на
보조어와 분리된 부정소사 не	그 밖의 경우	не с друзья́ми, не в лесу́, не то …… не то, не то́лько

▌연습문제▐ 다음 러시아어 문장들을 한국어로 옮기시오.

Он сознава́л себя́ одино́ким, **несмотря́ на** привя́занность друзе́й.

→

Это был пе́рвый Но́вый год, кото́рый она́ встреча́ла **не с друзья́ми**, вдали́ от родно́го до́ма.

→

69. 소사 ни의 정자법

접두사로 사용되는 소사 **ни**-는 의문사에 붙어, 전반적인 부정을 나타낸다. 전치사가 다음에 있을 경우, 전치사는 소사 **ни**와 의문대명사를 분리하여 그 사이에 위치한다.

직접 결합되는 소사 **ни**	전치사가 없는 의문사와 결합해 부정대명사가 되는 소사 **ни**	никогó, никтó, ничегó, никомý, никакóй
	의문사와 결합해 부사가 되는 소사 **ни**	никогдá, нигдé, никудá, нискóлько, ниоткýда
분리되는 소사 **ни**	그 밖의 경우	ни рáзу с ним не встречáлся; ни ти́хо, ни грóмко; ни жив, ни мёртв

❙ 기억하세요! ❙

관용적 표현	во что бы то ни стáло; как ни в чём не бывáло; откýда ни возьми́сь; ни ры́ба ни мя́со; ни то ни сё; ни два ни полторá; ни дать ни взять; ни бóльше ни мéньше; ни мнóго ни мáло

❙ 연습문제 ❙ 다음 러시아어 문장들을 한국어로 옮기시오.

Выступлéние извéстного общéственного дéятеля **никогó** не остáвило равнодýшным.

→

Лýчше пóздно, чем **никогдá**.

→

Голливу́дский фильм <**Ни жив, ни мёртв**> выхо́дит в росси́йский кинопрока́т.

→

Лива́н пообеща́л **во что бы то ни ста́ло** верну́ть захва́ченные Изра́илем зе́мли.

→

XI. 보조 품사

전치사, 접속사, 소사	1) 변화하지 않음 2) 독자적인 어휘의 뜻이 없음 3) 문장성분이 아님

70. 전치사

전치사는 명사, 대명사 또는 명사적 의미를 갖는 형용사나 수사의 사격 앞에 위치해, 그것들과 동사, 명사, 대명사, 형용사와의 관계를 나타내는 조사이다.

본 전치사	без, в, до, для, за, из, к, на, над, о, об, от, по, под, пе́ред, при, про, с, у, через, из-за, из-по́д, ...	
파생 전치사	부사에서 파생된 전치사	вблизи́, внутри́, вокру́г, о́коло, вне, вслед, вопреки́, согла́сно
	명사에서 파생된 전치사	в си́лу, ввиду́, путём, во и́мя, в це́лях, в продолже́ние, в противове́с
	동사에서 파생된 전치사	благодаря́, включа́я, исключа́я, спустя́, начина́я (с)

| 연습문제 | 다음 러시아어 문장들을 한국어로 옮기시오.

Кузне́чики треща́ли **без** умо́лку.

→

По вечера́м **над** боло́тами поднима́лся густо́й тума́н.

→

Пти́ца, вы́порхнув **из-по́д** ног, то́тчас же исче́зла в белова́той мгле неподви́жного тума́на.

→

И́здали всё ведь ка́жется и́ли ху́же, и́ли лу́чше, но во вся́ком слу́чае ина́че, не́жели **вблизи́**.

→

Ка́тер пошёл со специа́льным зада́нием, и **ввиду́** бу́рной пого́ды за него́ беспоко́ились.

→

В гости́ной бы́ло прохла́дно **благодаря́** отво́ренной двери́ на балко́н.

→

71. 1) 하이픈으로 결합된 전치사의 정자법, 2) 직접 결합된 전치사의 정자법, 3) 분리된 전치사의 정자법

하이픈으로 결합된 전치사	из-за, из-по́д, по-за, по-над, по-под	из-за стола́, из-под шка́фа, спря́тался по-за корчму́, по-над бе́регом мо́ря, е́дут по-под ле́сом
직접 결합된 전치사	ввиду́ (=по причи́не), всле́дствие (=из-за), вслед, наподо́бие, вро́де (=подо́бно), насчёт (=о), вме́сто, сверх, навстре́чу, несмотря́ (на)	ввиду́ осложне́ний; всле́дствие за́сухи; наподо́бие рычага́; насчёт расписа́ния; вро́де глубо́кой реки́
분리된 전치사	в ви́де, в связи́ с	в ви́де исключе́ния, в связи́ с отъе́здом

❙ 기억하세요! ❙
'시간'을 표시할 때 : в тече́ние, в заключе́ние, в сле́дствие
в продолже́ние сезо́на, в тече́ние ча́са, в заключе́ние выступле́ния

❙ 연습문제 ❙ 다음 러시아어 문장들을 한국어로 옮기시오.

По-за ува́лами показа́лись вса́дники бе́лой боево́й разве́дки.

→

Закономе́рны ли приро́дные катакли́змы **вле́дствие** глоба́льного потепле́ния, и́ли мы ча́ще ста́ли обраща́ть на них внима́ние?

→

В свя́зи с фина́нсовым кри́зисом в ми́ре наблюда́ется сниже́ние спро́са на энергоноси́тели.

→

Позво́льте мне **в заключе́ние** подвести́ ито́г всему́ вышеска́занному.

→

72. 접속사

접속사는 단어와 단어, 문장의 요소와 요소, 문장의 부분과 부분이나 또는 문장과 문장을 연결하는 조사이다.

병립 접속사	결합 접속사	и, да (= и), не то́лько ... но и, та́кже, то́же, и ... и, ни ... ни, как ... так и
	반의 접속사	а, да (= но), но, зато́, одна́ко, одна́ко же, всё же
	배분(분리) 접속사	и́ли, и́ли ... и́ли, ли́бо, ли́бо ... ли́бо, то ... то, то ли ... то ли, не то ... не то
종속 접속사	설명 접속사	что, что́бы, как
	시간 관계 접속사	когда́, лишь, пока́, едва́
	목적 접속사	что́бы, да́бы, с тем что́бы
	조건 접속사	е́сли, е́сли бы, ко́ли, раз
	양보 접속사	хотя́, хоть, пуска́й
	비교 접속사	как, как бу́дто, сло́вно
	이유, 원인 접속사	так как, так что

▌연습문제▐ 다음 러시아어 문장들을 한국어로 옮기시오.

Заря́ сия́ла на восто́ке, **и** золоты́е ряды́ облако́в, каза́лось, ожида́ли со́лнца.

→

Оте́ц, как и все бы́вшие вое́нные, не уме́л одева́ться по-мо́дному но **зато́** он одева́лся оригина́льно и изя́щно.

→

Челове́к, оста́вшийся оди́н в лесу́, обыкнове́нно **и́ли** разгова́ривает сам с собо́й, **и́ли** свисти́т, **и́ли** поёт.

→

Он никого́ не ви́дел, ничего́ не слы́шал и да́же не заме́тил, **как** вошёл Заха́р.

→

Едва́ он вступи́л на опу́шку ле́са, как сра́зу наткну́лся на кабано́в.

→

Матро́сы употребля́ли все уси́лия подвести́ плот возмо́жно бли́же к бе́регу, **дабы́** дать возмо́жность мне вы́садиться.

→

Мышле́ние бы́ло бы не ну́жно, **е́сли бы** бы́ли гото́вые и́стины.

→

Она́ принесла́ две све́чки и поста́вила их на подоко́нник, **хотя́** бы́ло уже́ совсе́м светло́.

→

Везде́, по всей уса́дьбе, **сло́вно** в мураве́йнике, с утра́ до́ ночи копоши́лись лю́ди.

→

Снег вы́пал в два арши́на, **так что** ло́шадь тону́ла в нём.

→

73. 결합된 접속사와 분리된 접속사의 정자법

<table>
<tr><td>결합된 접속사</td><td colspan="2">что́бы (= для того́ что́бы), то́же, та́кже (= и), оттого́, потому́, почему́, зато́ (= но), причём, прито́м, поэ́тому, заче́м, зате́м, ита́к (= сле́довательно)
❙예외❙ и так и сяк, и так да́лее</td><td>что́бы согла́совать измене́ния;
мы то́же отдыха́ли;
зато́ доро́га краси́вая;
и причём впервы́е;
ита́к, всё ко́нчено</td></tr>
<tr><td colspan="4">❙예외❙ во что бы, то ни ста́ло</td></tr>
<tr><td rowspan="2">분리된 접속사</td><td>설명 접속사</td><td>то есть, то бишь</td><td>то есть о́чень мно́го;
то бишь на той неде́ле</td></tr>
<tr><td>합성 접속사</td><td colspan="2">потому́ что, пока́ что, почти́ что, тогда́ как, так что, так как, оттого́ что, для того́ что́бы</td></tr>
</table>

❙연습문제❙ 다음 러시아어 문장들을 한국어로 옮기시오.

И соба́ки прити́хли, **оттого́** что никто́ посторо́нний не трево́жил их поко́я.

→

Жела́ние **во что бы то ни ста́ло** доказа́ть свою́ правоту́ чрезвыча́йно опа́сно.

→

В тот ве́чер они́ пи́ли по обыкнове́нному, **то есть** о́чень мно́го.

→

Они́ бы́ли уж **почти́ что** у са́мой кре́пости: то́лько куста́рник закрыва́л её от них.

→

74. 소사(小詞)

소사(小詞)란 문장이나 문장의 각 요소 및 단어에 의미적 뉘앙스나 또는 정서적 뉘앙스를 부여하는 조사이다.

'양상'의 의미를 나타내는 소사	의문소사	ли, неуже́ли, ра́зве
	감탄소사	как, что за
	한정소사	то́лько, лишь
	지시소사	вот, вон
	강세소사	ни, ведь, всё-таки, да́же, же
	확정소사	и́менно, как раз
분석적으로 어결합을 하여 특수한 의미를 나타내는 소사	조건법을 만들기 위한 소사	бы
	명령법을 만들기 위한 소사	пусть, пуска́й, да, дава́й, -ка
	과거의 반복적 행위, 특수 과거시제형을 나타내기 위한 소사	быва́ло, бы́ло
부정 소사	не, ни	

▌연습문제▐ 다음 러시아어 문장들을 한국어로 옮기시오.

Неуже́ли он соверше́нно забы́л всё пре́жнее?

→

Вдруг она́ **как** поскользни́сь, да на́взничь, да и переломи́ себе́ но́гу.

→

Лёшка учи́лся ко́е-как, **лишь** бы не оста́ться на второ́й год.

→

Вот сторо́но́й доро́ги бегу́т две по́тные косма́тые ло́шади.

→

Ведь есть, пра́во, э́такие лю́ди, у кото́рых на роду́ напи́сано, что с ни́ми должны́ случа́ться ра́зные необыкнове́нные ве́щи!

→

Всё произошло́ **и́менно** так, как он и предполага́л.

→

Поохо́титься бы по-настоя́щему, на коня́ **бы** де́нег добы́ть, – мечта́л стари́к.

→

Вы́пустили птенца́ из гне́здышка, **пусть** порха́ет на своей во́ле.

→

Она́, **быва́ло**, прикро́ет си́ние глаза́ да так заведёт пе́сню на вели́кую высоту́.

→

Жизнь прожи́ть — **не** по́ле перейти́.

→

75. 하이픈으로 결합되거나 분리된 소사의 정자법

구분	소사	예
하이픈으로 결합된 소사	-то, -либо, -нибудь, -ка, -тка (тко), -с, -де, ко́е- (кой-)	кто́-то, что́-либо, чей-нибу́дь, ну́-ка, на́-тка, да-с, он-де, ко́е-како́й
	부사, 동사, 소사 뒤에서 하이픈으로 결합된 소사	ве́рно-таки, всё-таки, ушёл-таки
분리된 소사	же (ж), бы (б), ли (ль), ведь, вот, мол	одна́ко же (ж), е́сли бы (б), едва́ ли, вот же, он мол
	ко́е-(кой-) 뒤에 전치사가 들어가는 경우	ко́е с кем, ко́е у кого́, кой с каки́м

기억하세요! то́чно так же, то же са́мое, тот же, то́тчас же, всё так же, к тому́ же, то-то-ж

연습문제 다음 러시아어 문장들을 한국어로 옮기시오.

За́спанные лю́ди, наки́нув на себя́ **ко́е-каку́ю** оде́жду, выска́кивали из домо́в.

→

Он ре́зко нажа́л на педа́ль га́за и **ушёл-таки** от пого́ни.

→

Мы не наде́ялись никогда́ бо́лее встре́титься, **одна́ко же** встре́тились.

→

Он успе́л уже́ **ко́е с кем** подружи́ться и **ко́е с кем** поссо́риться.

→

Чай был сде́лан кре́пкий, **то́чно так же**, как он люби́л сам себе́ зава́ривать.

→

XVI. 감탄사와 의성어의 정자법

감탄사는 감정, 기분, 명령적 의지를 표현하거나 또는 음향, 음성의 모사를 위해 쓰이는 단어이다.

76. 감탄사와 의성어

기대, 감정을 표현하는 감탄사	기대의 표현	а! ай! ах! ага́! о! ой! ох! увы́! уф! фу! эх! ба́тюшки! бо́же мой! го́споди! ма́тушки! чёрт возьми́!
	정서적 평가	вот ещё! ду́дки! ба́ста! кры́шка! каю́к! капу́т! Во́т те на́! ей-бо́гу! тьфу! ха-ха-ха́!
인사, 감사, 명령, 부름을 표현하는 감탄사	인사, 감사	здра́вствуй, приве́т, до свида́ния, пока́, спаси́бо, пожа́луйста
	명령	стоп! айда́! вали́! на! тс! чш! цыц! вон! кыш!
	부르는 것	алло́! ау́! карау́л! эй! кис-кис, цып-цып
동물의 울음소리, 사물의 소리를 표현하는 의성어	동물의 울음소리	Гав-гав! Мя́у! Кря-кря! Кукареку́! Му-у-у-у!
	사물의 소리	бум-бум, динь-ди́нь, тик-ти́к

연습문제 다음 러시아어 문장들을 한국어로 옮기시오.

Бо́льно, **ой**… бо-бо́льно!.. — стона́л ра́неный, когда́ ордина́рец перебра́сывал его́ че́рез седло́.

→

А опра́вдывать то, чего́ не понима́ешь, да ещё служи́ть э́тому, — **ду́дки**!

→

Серде́чное **спаси́бо** за Ваш, це́нный для меня́, о́тзыв о кни́ге.

→

Быва́ло, в све́жую пого́ду, возьмёт шлю́пку и **айда́** под паруса́ми ката́ться.

→

Ау́! — разда́лся сно́ва го́лос из ча́щи.

→

Ка́ждое у́тро ба́бу Ве́ру буди́л клёкот гусе́й, суетли́вый ути́ный **кря-кря**.

→

Кака́я га́дость! – пробормота́л зоо́лог; он побледне́л, помо́рщился и гро́мко сплю́нул: – **Тьфу**!

→

77. 하이픈이 들어간 감탄사와 의성어

하이픈이 들어간 감탄사와 의성어	ай-áй, ей бóгу, о-го-гó, ой-ой-óй, ха-ха-хá, динь-динь-ди́нь, кис-кис, мя́у-мя́у, гав-гав 등

❙ 기억하세요! ❙ Вóт те нá! Вот те крест! Чёрт те знáет! Я те покажý!
(те는 тебя́, тебé의 축약형임)

❙ 연습문제 ❙ 다음 러시아어 문장들을 한국어로 옮기시오.

Он от глубины́ души́ сказáл: — **Ей бóгу**, мнóго на свéте хорóших людéй!

➔

Тепéрь емý так живётся — **ой-ой-óй**! Дáже выпивáть с гóря нáчал.

➔

Это прáвда? — **Вот те крест,** прáвда! — побожи́лась Дашýтка.

➔

저 자 : 이영범

한국외국어대학교 노어과 학사 및 석사
모스크바 국립대학교 문학박사(러시아문학 전공)
현 청주대학교 러시아어문학과 교수

저서 : 『실용러시아어』(공저, 청주대학교 출판부, 1997)
『애니메이션으로 배우는 러시아어』(편저, 신아사, 2001)
『비디오 문학 감상과 이해 Ⅰ』(저서, 청주대학교 출판부, 2001)
『비디오 문학 감상과 이해 Ⅱ』(저서, 성문 출판사, 2001)
『테마 러시아 역사』(편저, 신아사, 2003)
『러시아어 말하기와 듣기』(공저, 신아사, 2004)
『러시아 문화와 예술의 이해』(공저, 신아사, 2005)
『쉽게 익히는 러시아어』(공저, 신아사, 2007)
『한·러 전환기 소설의 근대적 초상』(공저, 고려대학교 한국학연구소, 2007)
『러시아 문화와 예술』(공저, 보고사, 2008)
『파워 중급 러시아어』(신아사, 2008)

역서 : 『슬픔』(슉쉰 저, 이영범 옮김, 도서출판 영웅, 1990)
『러시아 제국의 한인들』(보리쓰 박 저, 이영범·이명자 공역, 청주대출판부, 2002)
『대위의 딸』(알렉산드르 푸시킨 지음, 이영범 옮김, 지식을 만드는 지식, 2009)

논문 : 뿌쉬낀의 ≪대위의 딸≫의 시학
뿌쉬낀의 ≪대위의 딸≫의 시공간 구조와 슈젯의 연구
고골의 중편 ≪따라스 불리바≫에 나타난 작가의 관점 연구
뿌쉬낀의 ≪스페이드의 여왕≫의 제사(題詞) 연구
뿌쉬낀의 ≪벨낀 이야기≫의 삽입 텍스트 연구(1):- 에피그라프(Epigraph)를 중심으로
≪보리스 고두노프≫에 나타난 뿌쉬킨의 역사관
뿌쉬낀의 ≪보리스 고두노프≫의 구조와 슈제트
A. 즈뱌긴쩨프의 영화 <귀향>에 나타난 아버지의 정체성과 이미지 연구 외 다수

표로 보는 **러시아어 문법**과 **독해**

1판 1쇄 찍음 • 2009년 8월 20일
1판 1쇄 펴냄 • 2009년 8월 28일

저 자 • 이 영 범
발행인 • 정 현 걸
발 행 • 신 아 사
인 쇄 • 예지인쇄

출판등록·1956년 1월 5일 (제9-52호)
서울특별시 은평구 녹번동 28-36 2F
전화 (02)382-6411·팩스 (02)382-6401
홈페이지·www.shinasa.co.kr
E-mail·shinasa@chol.com

ISBN 978-89-8396-651-3

정가 *10,000* 원